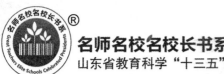

名师名校名校长书系

山东省教育科学"十三五"规划课题（课题批准号：YC

基于STEM教育理念的
信息技术多元化教学

卢义峰 / 著

吉林出版集团股份有限公司
全国百佳出版单位

图书在版编目（CIP）数据

基于STEM教育理念的信息技术多元化教学 / 卢义峰
著. -- 长春：吉林出版集团股份有限公司, 2019.5

ISBN 978-7-5581-7022-5

Ⅰ.①基… Ⅱ.①卢… Ⅲ.①信息技术—教学研究
Ⅳ.①G202

中国版本图书馆CIP数据核字（2019）第100628号

基于STEM教育理念的信息技术多元化教学
JIYU STEM JIAOYU LINIAN DE XINXI JISHU DUOYUANHUA JIAOXUE

作　　者：卢义峰
责任编辑：宫志伟　陈增玥
出　　版：吉林出版集团股份有限公司
发　　行：吉林出版集团社科图书有限公司
电　　话：0431-81629709
地　　址：吉林省长春市福祉大路5788号
印　　刷：吉林省长春凯旋印刷厂
开　　本：889mm×1194mm　1/16
字　　数：270千
印　　张：14.75
版　　次：2022年6月第1版
印　　次：2022年6月第1次印刷
书　　号：ISBN 978-7-5581-7022-5
定　　价：45.00元

如有印装质量问题，请与印刷厂联系调换。

把梦想植入教育的沃土

2018年9月，卢义峰老师作为一名访问学者来到山东省教科院访学，我给学员讲授国学，学习期间，关于学术问题我们有过多次交流和研讨。

卢老师是一位对教育事业有着执着的人文情怀、追求卓越、积极进取、勇于创新的智慧型教师。学习期间，她坚持每天读书，认真写读书笔记。《基于STEM教育理念的信息技术多元化教学》就是她在学习期间开始酝酿，并结合自己多年的教学实践，经过多次修改成书的。

20多年来，卢老师一直坚持在教学一线从事信息技术教育教学及研究工作，有着深厚的教学底蕴，先后获得山东省教学能手、市特级教师、市学科带头人、市名师等荣誉称号；被推选为山东省教科院专家库专家、山东省"互联网+教师专业发展"远程研修专家；主持承担了多项国家级、省级教育规划重点科研课题；参与并编写了山东省泰山版《小学信息技术》教材；多次在山东省及全国信息技术优质课大赛中夺冠；当地政府为她设立了"名师工作室"，示范引领着当地教育教学的发展。从这里不难看出卢老师雄厚的教学科研实力和对教育事业执着的崇高人品。

在接触的过程中，我发现，卢老师还是一位非常谦逊的老师，她虚心求教、潜心研究。在省教科院学习期间，她的思维方式、知识结构又有了很大的转变和提升，这本书也可以看作是她学习成果的一个阶段性总结。

STEM教育理念具有前瞻性、综合性的特点，将STEM教育理念和信息技术课堂相结合，在当前教育形势下无疑是很接地气的一种尝试。本书对STEM教育的信息技术教学理论建构、信息化教学资源的开发与应用、课程的教学设计与组织、课堂教学模式的多元化、信息技术课程的评价、教学案例等内容做了积极的探索。当前，STEM教育正如火如荼地进行着，值得我们教育理论研究者和实践者共同探究，此书结合STEM教育理念，谈信息技术教学是有其重要意义的。

希望卢义峰老师撰写的此书能使更多的一线教师和教学研究人员接触到STEM教育理念，给他们的教学带来借鉴和帮助，进一步推动和引领我省乃至全国STEM教育的深入发展，打破传统教学模式的局限，确实减轻学生的课业负担；也希望卢义峰老师在教育科研的道路上不断进取，她的教育理想能够在实践的沃土中生根、发芽、成长、开花，结出硕果。

李文军

2019年3月22日于济南

（作者系山东省教育科学研究院副院长、研究员，山东省教育学会秘书长）

随着社会经济和科学技术的不断发展，我们正逐步走向信息化时代，小学信息技术课已经成为一门必修课程。信息技术课程的开设，可以使学生具有获取信息、传输信息、处理信息和应用信息的能力，正确认识和理解与信息技术相关的文化，负责任地使用信息技术；培养学生良好的信息素养，把信息技术作为支持终身学习和合作学习的手段，为适应信息社会的学习、工作和生活打下必要的基础。

当今教育正从过去的"以教为中心"转向"以学为中心"，要求尊重个体的主体性，充分发挥其主动性、积极性，挖掘个体的潜能。信息技术是一门以实践为基础的学科，其根本目标是提高学生的信息素养，它既承担着知识技能学习的任务，又承担着发展思维，提高学习、自主探究、合作交流等解决问题的能力以及提供科学观念和科学方法的任务。在教学过程中，教师应依据教材，以学生的认知结构和学习心理为依托，关注学生思维品质的提升，适当采取多样化的教学形式，充分利用学生迫切希望进行探索和创造学习的积极性，进而培养学生的创造性思维。

STEM教育是一种集合了科学、技术、工程、数学等多种学科的综合教育，更加注重学生实践能力的培养，对学生综合素质提升意义重大。将STEM融合到小学信息技术教学中，能够打破传统教学模式的局限，让学生全面发展。本书正是基于这一理念对小学信息技术多元化教学进行了全方位解读和理解，从基于STEM教育的信息技术教学理论建构谈起，对信息化教学资源的开发与应用、课程的教学设计与组织、课堂教学模式的多元化、课程的评价、教学案例等进行了详细解读，内容丰富、理论严谨、可操作性强，对教师的教育教学也有很大帮助。

小学信息技术作为一门理论与实践相结合的课堂，迫切需要建立高素质的教师队伍与教学理论和方法体系，促进教师教学思想与方法的更新，关注课堂教学内容、形式与模式，在教学活动中积极发现教学问题，根据实际情况不断地更新策略，因地制宜地应用相应的创新教学模式，保证教学设计策略的多样化、适用性。

　　本书在写作过程中，参阅了大量相关问题的研究成果，借鉴了一些专家学者的观点和看法，在此谨向他们致以敬意和谢意！囿于作者水平有限，书中难免存在疏漏之处，还请读者朋友批评指正！

编　者
2018年12月

目录

第一章　基于STEM教育的信息技术教学理论建构

对STEM教育的理解和认识 ························· 2

STEM教育在信息技术教学中的应用 ················· 4

STEM视角下的信息技术教学实践 ················· 8

信息技术的学科整合和STEM ····················· 11

第二章　信息化教学资源的开发与应用

STEM对信息化教学资源的影响 ···················· 18

信息化教学资源设计开发流程 ···················· 25

信息技术设备在STEM教育中的应用与实践 ············· 27

获取信息化教学资源的方法与途径 ················· 29

多媒体课件设计开发的有效途径分析 ··············· 31

第三章　小学信息技术课程的教学设计与组织

STEM教育理念下的课堂教学设计 ·················· 40

小学信息技术课程的教学要求 ···················· 49

小学信息技术课程的特点分析 ···················· 52

小学信息技术课堂教学中常用的教学方法 ············· 57

小学信息技术课程的教学设计 ···················· 65

第四章　小学信息技术课堂教学模式的多元化

STEM环境下小学信息技术课多元化教学模式 ············· 70

小组合作：培养学生团队互助的品质 ··················· 76

任务驱动法：构建学生自驱力 ······················· 84

游戏教学法：玩中学，学中玩 ······················· 88

情境教学法：增强学生学习氛围 ····················· 94

分层教学法：关注个体发展差异 ····················· 99

启发教学法：将生活融入课堂 ······················· 102

运用多媒体工具：重视教学情境的营造 ··············· 105

微课程，开启"融合"新时代 ······················· 109

第五章　信息技术在促进学生学习方面的应用

概念图和思维导图在教学中的应用 ··················· 116

思维导图在学生学习中的应用 ······················· 120

翻转课堂教学模式的实施和应用 ····················· 123

让学生成为课堂主人的未来教室 ····················· 128

3D打印技术在小学创客教育中的应用 ··············· 132

培养孩子学习兴趣的Scratch编程 ··················· 136

基于开源硬件的Scraino机器人编程 ··············· 139

第六章　信息技术在教师专业发展中的应用

STEM教学是对教师的新挑战 ······················· 144

创客教育与信息技术课程的融合 ····················· 147

教师个人成长博客的运用 ………………………… 151

项目式学习的本质与策略研究 …………………… 155

第七章　小学信息技术课程的评价

基于STEM理念的课程评价体系 ………………… 164

STEM教育下小学信息技术课程评价 …………… 168

小学信息技术课程评价的分类 …………………… 171

信息技术课堂教学评价表 ………………………… 175

小学信息技术课程评价方案 ……………………… 180

第八章　信息技术多元化教学案例

小学 STEM 课程教学设计模式 ………………… 184

《有趣的自选图形》教学设计 …………………… 189

《多姿多彩的艺术字》教学案例 ………………… 194

《关键字查询》教学设计 ………………………… 201

《家乡的历史名人》教学设计 …………………… 204

《制作课程表》教学设计 ………………………… 207

《图文并茂更精彩》教案与反思 ………………… 215

附　录 …………………………………………… 218

参考文献 ………………………………………… 225

第 一 章

基于STEM教育的信息技术教学理论建构

对STEM教育的理解和认识

　　STEM是科学（Science）、技术（Technology）、工程（Engineering）、数学（Mathematics）英文首字母的简写，STEM是在建构主义理论基础上提出来的，它强调的是跨学科整合。STEM教育是由美国弗吉尼亚科技大学学者Yakman在研究综合教育时首次提出的，即加强美国K12关于科学、技术、工程、数学的教育，专门用于动手类创造性课程。STEM教育在美国的重要性不亚于中国的素质教育。在美国，大部分中小学都设有STEM教育的经费开支，而STEM也被教师、校长、教育家时时挂在嘴边。在STEM教育的号召下，机器人、3D打印机进入了学校；奥巴马也加入了全民学编程的队伍，写下了自己的第一条代码；帮助孩子们学习数学、科学的教育科技产品层出不穷；而且这四个学科，技术和工程结合，艺术和数学结合，打破了常规的学科界限。

　　STEM课程的培养目标中包含了科学素养、技术素养、工程素养、数学素养等方面（见图1-1），这和新课改倡导的核心素养不谋而合。

图1-1　STEM教育主要元素

　　STEM教育以项目学习为主要的学习方式，这是在原STEM教育基础上延伸的新教育模式，是技术与工程教育和艺术人文教育的融合，旨在推动技术驱动的教学创新。STEM 教育不是科学、技术、工程和数学知识的简单叠加，而是将这四门学科整合到一种教学范式中，把零碎知识变成相互联系的统一整体，倡导由问题解决驱动的跨学科教育，旨在培养学生的科学素养、技术素养、工程素养和数学素养。

STEM 教育具有跨学科、趣味性、体验性、情境性、协作性、设计性、艺术性、实证性、技术性强等特征；STEM 教育以整合的教学方式，注重实践和过程，强调解决真实问题；强调知识与能力并重，倡导"做中学"；强调创新能力与创造力的培养，注重知识的跨学科迁移及其与学习者之间的关联。

科学和数学都是较为抽象、深奥的思辨性学科，技术、工程和艺术则是贴近现实生活的应用型学科，将这几门学科融会贯通，STEM 就能培养学生"另辟蹊径"的思维，也能让他们更享受学习的过程。

总之，STEM 教育的核心理念是跨学科融合，是通过知识的情境化，让学生综合运用学科知识，创造性地解决实际问题。如果过分关注技术的炫酷、制作高科技的成果，而缺乏科学的教育设计、基础性学科知识的融合注入，学生在搭积木式的完成作品之后，根本不了解作品背后的知识，这样的 STEM 教育就是学校和培训机构的"秀场"，是不可取的。所以，真正的 STEM 教育是多学科融合的综合教育，超越了学科的界限，让学生在探索中学习，在学习中探索！

STEM教育在信息技术教学中的应用

随着社会的发展与进步，我们的生活与电子信息技术的关系越来越紧密。我国的科技发展极其迅速，特别是电子信息技术行业。当今社会电子信息技术已经在各领域中被广泛应用，这也极大地促进了人类文明的发展，进而使电子信息技术在人类生活中发挥出更大的作用。小学阶段的信息技术课程几乎是一门全新课程，目前处于一个快速发展及不断研究的进程，但是还没有明确的规范和形式，不同地方的教学方式存在着较大的差异，每个学校的教学环境和教学设备也各不相同，但是，随着时代的发展和信息时代的到来，信息技术课程在小学教学中的地位一定会不断提高的，也会越来越受到人们的重视。

现阶段，将STEM教育引入信息技术教学，应用将会更加全面。STEM教育应用多体现在开展多种项目、拓展应用领域、搭建教育平台、研发教育产品四个方面。STEM教育的应用创新需要依托物联网、云计算等新一代信息技术，打造智能化教育信息生态系统，该系统架构包括"一个中心、两种机制、三种资源库、四种技术和用户"。目前，STEM教育应用存在实施方案匮乏、教育资源短缺、专业师资及培养机制欠缺、硬件设备及资金不足等问题。

一、STEM教育应用现状

STEM教育理念首先在美国被提倡推广，其目的是为了加强美国中小学生关于科学、技术、工程以及数学的教育。要想将STEM教育运用在信息技术教学方面，就必须加强对学生创新意识的培养。信息技术教学在小学低年级的重点是培养兴趣，培养学生的思维方式，关于控制技术方面的知识只需要简单的了解。STEM教育使用电脑教学，但不利用计算机来思考问题。所以，类似于"Scratch"这类简单的图形化编程软件比较适用于小学低年级，高年级可以将开源硬件"Scraino"和3D打印等有一定深度的软件纳入教学内容。教学的核心是实用，而不是理论，是要帮助学生利用自己所学的软件进行创作。

　　在小学阶段，不宜让学生过早学习计算机语言方面的相关知识（高年级可少量接触html语言），因为内容枯燥乏味且过于单调，不符合小学生的学习特点和心理特征，因此会使得小学生过早地放弃对计算机的学习乐趣。客观地说，适合小学信息技术课程使用的软件数量很少，所以广大小学教师需要对其进行合理化的开发和利用。

　　一般来说，创新教育在学校教育中的实施，对提高学生的创造力和创新精神起着重要作用。学生创造性思维和解决问题的能力，往往在实践中得以体现。中国传统的教育理念中，教育要遵循自主学习的原则，教师和学生的适应能力都很重要。

1. 点到为止

　　学生对信息技术的接受能力和教师的自学能力永远超出预期，过多的教学方法会导致学生厌倦，教师只需要超越这一点，就可以做到"心有灵犀一点通"。学生对计算机有一种独特的理解方式，有一种计算机通信的内在精神，它的效率和合理性是成年人都难以理解的，所以我们不能强迫学生遵从教师的思维方式。更重要的是，这种教学方式让学生在未知世界中自由探索，为学生的创新留出了广阔的空间，让学生体验发现的乐趣，而一味地教学只会束缚学生的想象力，扼杀学生的创新精神。"点到为止"是一门艺术，更是对学生主体教学地位的一种保障。

2. 广泛交流

　　师生之间的交流是非常重要的，学生之间的交流更为重要。信息技术领域的学习非常强调交流与合作，信息技术课程应该渗透这样的学习模式，每节课新授时间应控制在10分钟左右，学生的自主探究学习和交流合作至少需要20分钟，应该鼓励学生说出自己独特的想法和解决这个问题的方法，培养学生的交流习惯，我们应该努力营造民主的课堂，保障课堂的学习氛围。互相沟通是一种能力，是未来社会对人才的基本要求。我们应该学会听取周围人的意见，同时学会表达自己的观点，这是对学生创新人格的一种培养。

3. 自由作业

　　信息技术课程的作业往往是没有固定的解答方案的。不限制使用的工具和功能，每个学生上交的答案可能都与众不同。这样的作业对于每个层次的学生来说都是可以完成的，这就保障了每个学生的特点都会得到最大限度的体现。

二、STEM教育应用的创新路径

STEM教育是依托物联网、云计算等新一代信息技术打造的智能化教育信息生态系统，是数字教育的高级发展阶段，是破解中国科技教育难题的良方。2015年9月，教育部在《关于"十三五"期间全面深入推进教育信息化工作的指导意见（征求意见稿）》中提出，通过信息技术促进各学科教学内容和模式的变革，探索STEM新教育模式，培养学生的信息意识与创新意识，已成为未来五年信息化教学的常态。在落实《教育信息化十年发展规划（2011—2020年）》之际，STEM教育应用应与"互联网+"融合，制定顶层战略规划，需要网络设施建设和硬件设备的支持，需要开放的管理以实现数据共享，需要建立完善的保障机制和推进机制以实现其可持续发展。与创客空间融合、与3D打印技术携手，创建创新实验室、搭建电子书包平台，以应对时代赋予的机遇和挑战。

创新是将新的生产要素和生产条件的"新结合"引入生产体系中。STEM教育应用的创新路径，可以概括为"一个中心、两种机制、三种资源库、四种技术和四种用户"。

1. 一个中心

一个中心即STEM教育创新应用中心，它对开展信息技术支持下的课堂教学模式改革，进行实验室建设，设计教师培养体系，开发校本课程，提升教师现代教育技术应用能力和实验教学能力，开发学科教育技术产品，带动信息化教学的整体飞跃发展，具有至关重要的作用。因此，创新教育要将STEM教育创新应用中心的建设放在首要位置。STEM教育创新应用中心要提供统一门户、身份认证、数据交换等支持工作，并整合现有的各种教学软硬件资源、教学系统，实现资源按需分配，形成基于统一数据环境的集成的信息平台。

2. 两种机制

为进一步加强沟通协调，形成工作合力，及时解决STEM教育创新应用推进中存在的困难和问题，形成较为完善的政策法规和技术支撑体系，需要推进两种机制：一是坚持政府为主、多方参与，形成教育部门统筹实施、相关部门大力支持和积极参与的良好局面；坚持顶层设计、分级实施，业务和技术部门密切配合、分工协作，保障STEM教育创新应用工作的顺利开展。二是坚持工作推进与管理监督并重，完善教育投入机制与质量监控机制，完善经费、运行、管理等保障措施，建立STEM教育创新应用的长效推进机制，使其持久而健康的发展，进而带动信息化教学的全面跃升。

3. 三种资源库

资源建设是实现教育系统变革的基础，是教学过程中的重要载体。STEM教育创新应用需要重点建设学科资源库、开放课程库和管理信息库，以便为产业发展提供优质的教育服务，为专业学习者提供自主学习的平台，深化教学改革，推动教育信息化的发展。

学科资源库是STEM教与学所需资源的重要来源，主要包括工程、技术、科学、数学学科的教学资料、课件、电子资源、媒体素材、案例、习题等资源。学科资源库的建设应符合时代发展，以应用驱动为导向，采用购买、自建、二次开发等方式，同时还要运用学习分析、大数据等信息技术，对资源的动态生成和进化进行系统的管理和更新。开放课程库的建设应秉承开放共享的教学理念，将3D设计、物联网创新、机器人、通用技术等资源架构到统一的开放教育应用平台上，形成良好的共建共享机制。此外，庞大的信息数据需要集中、有效的管理，应开发STEM教育管理系统，规范专业教学资源建设，统一素材的建设标准，与相关部门的教育信息数据中心对接，实现教育数据的持续更新。

4. 四种技术和四种用户

互联网、云计算、大数据及移动互联网是支撑STEM教育的关键技术。其中，互联网架构起课堂与生活的桥梁，提供了最新的科技与广阔的创新空间；云计算提供了STEM教育的网络设施和硬件设备集合；大数据有助于分析、处理STEM教育的数据信息；移动互联网则源源不断地汇聚、接收STEM教育系统的数据；同时，STEM教育创新应用系统的建设需要增强现实技术、3D打印技术等技术支持。

此外，教师、学生、社会学习者和教育管理者是STEM教育创新应用的核心用户。STEM教育可以为教师提供线上和线下的教学活动，为学生和社会学习者提供学习和资源服务，为管理者提供信息化管理服务，从而变革传统的教学模式、教学方法、教学过程，培养创新型人才和综合型人才。

STEM视角下的信息技术教学实践

STEM是当前教学发展的一个趋势，从这一角度出发，探讨STEM视角下如何有效开展信息技术教学具有重要意义。

当代信息技术正以惊人的速度改变着学习者的学习方式和教学者的教学方式，学习理论与信息技术教学应用已呈现相互作用相互影响的态势。行为主义、认知主义和建构主义三大学习理论都为信息技术的教学应用提供了若干具体的"指导操作程序"。学习理论发展与信息技术教学应用的结合演变过程表明STEM教育未来发展的根本目的是开发出一个面向学习者个性化学习与教学的系统。利用信息技术来改进课堂教学是当前学校教育改革的一条重要思路，能否将信息技术有效地应用于教育教学领域，是衡量教育是否面向未来社会发展而积极变革的重要依据。

信息技术的飞速发展，推动了教育从目的、内容、形式、方法到组织的全面变革。站在教育第一线的教师，完全有必要对教学过程进行重新认识。《基础教育课程改革纲要（试行）》指出："大力推进多媒体信息技术在教学过程中的普遍应用，促进信息技术与学科课程的整合，逐步实现教学内容的呈现方式、学生的学习方式、教师的教学方式和师生互动方式的变革，充分发挥信息技术的优势，为学生的学习和发展提供丰富多彩的教育环境和有力的学习工具。"由此可见，教师运用现代信息技术，发挥信息技术辅助教学的特有功能来改进课堂教学，是当前学校教育改革的一条重要思路。为了能够在教学中合理有效地使用信息技术，我们首先需要充分理解信息技术在课堂教学中的作用。

一、改变了传统的教学方法

课堂教学中良好的教学效果的取得，有赖于先进的教学媒体，帮助学生做出各种学习的反应。传统教学模式中，教师的教学活动仅限于一本教科书、一块黑板和简单的幻灯片演示。枯燥乏味，缺乏生动性，学生的主动性、创造性不能得到很好的发挥。多媒体信息技术介入教学，像一股春风一样，催促着我们的教育观念以及教育模式的改变，使我们的师生能够共享到优质的前沿教育资源，给基础教育的改革和发展带来了机遇。它彻底改变了传统的教育教学模式，让教师从繁重的重复性劳动中解放出来。

二、加强了教师的主导作用

信息技术走进课堂后，在课堂教学中，以学生为主体，教师转变传统的教学方法，引导学生在一定的情境下利用学习资料帮助学生主动获取知识。信息技术教学手段取代了粉笔在黑板上涂抹，变成了好看的图片、影视资料在荧屏上展示，学生们在直观的感受中创设了情境，体会语言就变成了有血有肉的人物进入思维中，参与学生的理解、欣赏，与主人公的思想感情发生碰撞、产生共鸣，情感交流得以实现。课堂教学的内容更加丰富、生动，创设教学情境，调动学生的积极性，诱导学生主动参与学习过程。而这一切，都是教师利用信息技术辅助教学的结果，更加体现出了教师的主导作用。例如，一位教师在教《称象》这篇课文时，根据课文内容适时地播放课件，让学生在头脑中形成完全相同的事物画面或事理。另外，现代化的信息技术为教学提供了更为广阔的空间，教师通过资源共享，博采众长，更好地发挥了为学生提供学习资源，帮助学生解决困难的辅导作用。教师备课时，可先输入关键词，在网上搜索与之相关的资料，再进行分类，制成课件。在指导学生学习的过程中，根据需要，一点鼠标，迅速调出，方便快捷。资料调出学生可根据需要或兴趣去学习。这样真正实现了学生的主动性，教师真正成了学生的帮助者、促进者。教师在教学的过程中，拓宽了学生的视野。学生在积累大量素材的条件下，使课堂气氛真正活跃起来，激发了主动获取知识的自觉性，充分体现了教师的主导作用。

三、提高了学生的学习兴趣

"兴趣是最好的老师"，有良好的兴趣就有良好的学习动机，但不是每个学生都具有良好的学习兴趣。好奇是学生的天性，他们对新颖的事物、知道而没有见过的事物很感兴趣，要激发学生的学习积极性，就必须满足他们这些需求。而传统的教学和现在的许多教学都是严格按照课程标准，把学生封闭在枯燥的教材和单调的课堂内，使其和丰富的资源、现实完全隔离，致使学生学习的兴趣日益衰减。将多媒体信息技术融入课堂教学，利用多媒体信息技术图文并茂、形象直观的特点为学生创设各种情境，有效地再现实物的可观赏性，使学生感知事物的艺术效果，在大脑中形成一幅活生生的画面，学生产生身临其境的感受，就会真正进入角色，进行情感体验，从而有效地激起学生各种感官的参与，使学生产生强烈的学习欲望，激发动机和兴趣，有利于营造轻松的课堂气氛，使学生借助生动形象的画面厘清学习思路，与作者进入同样的境界，从而领会课文的主旨。

信息技术的学科整合和STEM

　　STEM教育与我国传统基础教育的不同在于其强调学科之间的联系，甚至对于学生从未接触过的工程能力也有所提及，STEM教育的本义是重现科学家发现问题的过程、工程师解决问题的过程，这是一个多能力、多学科知识运用的过程，让学生在这一过程中得到长足发展，因此，教师在信息技术教学中必须注重学科整合，帮助学生构建完整的知识网络，如此才能更好地践行STEM教育。

　　信息技术是指人类对数据、语言、文字、声音、图画和影像等各种信息进行采集、处理、存储、传输和检索的经验、知识及其手段、工具的总和。当今时代是信息时代，以个人电脑、网络技术和多媒体传播技术为主要内容的现代信息技术给许多领域都带来了革命性变革。教育的本质是通过有价值的文化信息的传递为学生个体发展和社会进步服务。从文化传递的角度讲，信息技术具有高效能的特点。信息技术应与学科课程有机地结合，已成为学科课程和教学中不可或缺的要素。

　　如何进行学科的整合呢？要把不同学科的内容通过信息技术进行有机的组合，把知识与思维、理论与实际、感性与理性辩证统一起来，使教学活动既有教育技术的整合，又有学科知识的整合。

一、如何使信息技术与课堂教学形成有机的整体

　　若使信息技术与课堂教学形成有机的整体，应在传统教学理论的基础上构建新的教学结构。传统的教学理论认为，教学结构是指在一定的教育思想、教育理论和学习理论指导下，在一定的教学环境和资源的支持下，教与学活动中各要素之间稳定的关系，即在教学系统中以教师、学生、教学内容为三个构成要素，形成有机整体，通过教师讲授、板书以及教育媒体的辅助，把教学内容传递给学生。在这种理论产生的教学结构中，信息技术只能作为辅助工具，而不能成为结构中的要素。作为辅助工具的信息技术，无论其如何先进，都难以

发挥其应有的惊人优势。为此，在信息时代到来的今天，应结合信息技术，构建新型的教学结构，重新定位教学过程中各要素的关系。

1. 教师的作用

为了使信息技术发挥更大的作用，必须改变传统教学过程中基本要素的关系，即教师、学生、教材和信息技术的关系，也就是要求教师改变固有的教学观念和思想，教师的作用也从教学变为导学，从单纯传递知识转变为以设计教学为主，从训导者转变为启发者、帮助者、指导者和组织者。角色的转换并没有减弱反而加强了教师在学习者学习过程中的作用。同时转变教学理念，从教学实际需要出发，根据学习心理学原理，挑选、组合教学软件，合理地安排教学活动进程，做好完整的教学计划，使信息技术有机地融入教学中，整个教学过程浑然一体。

2. 学生地位的转变

信息技术在教学活动中的应用形式多种多样，学生在课堂上相应的反应也大不一样，但在利用信息技术的交互性、即时反馈、个性指导、直观显示等潜在特性的宗旨上是相同的，从而保证学生变被动接受为主动参与、发现、探究和知识建构的主体。

3. 教学内容的组织

传统教学比较注重教材内容的学习，对学习能力的训练和学习方法的培养不够重视，然而信息技术的应用可增加"学会学习"和"探究学习"等内容，让学生学会有策略的学习，以适应社会发展的需要。信息技术为此类信息的存在提供了平台。

4. 媒体变辅助教学为教学主体

在以往的媒体教学中，注重的是用媒体演示辅助教师讲课。讲课过程始终是以教师讲课为主。如今，随着信息技术的飞速发展，其潜在的巨大能量使之能满足教学中许多需求。比如，教学内容的承载、课程的快速生成、教学过程的设计和管理学生学习过程的自反馈、自动测试等。

二、信息技术与学科整合的优势

1. 有利于激发学生的学习兴趣

在信息技术与学科整合的过程中，要使学生的学习直观性和形象化，在课堂教学中就要特别注意发挥现代信息技术的作用。课前精心设计教学，制作相应的教学软件，创设情境，化静为动，化虚为实，变无声为有声，才能通过生动、直观的画面，激发学生学习兴趣，引起学生的注意。如上课时，学生会争先恐后地回答，然后教师在演示课件的同时，进一步提出问题。以二年级语文教材《四季的脚步》一课为例。作者主要描写春、夏、秋、冬四个季节的变化及特征，把一年四季的悄然变化生动形象地展现出来。教师运用现代信息技术，制作有关四季变化的课件。在课前导入过程中，教师通过提出"你们知道四季是什么样子的吗？能告诉老师，你喜欢哪个季节吗？"四季的变化是怎样的？"让学生带着问题去观察各个季节的神奇变化，有利于集中学生的注意力。

2. 有利于提高课堂效率

捷克教育家夸美纽斯指出："兴趣是创造一条欢乐和光明的教学环境的主要途径之一。"俄国文学泰斗托尔斯泰也说过："成功的教学所需的不是强制，而是激发学生的兴趣。"这足以说明，教学中激发学生学习兴趣的重要性。学生只有对学习产生兴趣，产生求知欲望，才能促使教师在教学过程中事半功倍。常言道"向40分钟要质量"，就是要在40分钟的课堂教学中，给学生提供恰当的知识量和信息量，让学生在获取知识的同时提高能力，信息技术与学科整合就能再现其特点。大多数学生都喜欢看动画片，我们教师可以通过学生的这个特点，运用信息技术与网络，制作可爱的、漂亮的、有声有色的课件吸引学生。通过绚丽的色彩、清晰的画面、美妙的音乐，将干巴巴的说教变成多感官的刺激、全方位的感受，使抽象变得具体、静态变成动态，虚幻变成真实、想象变成可能，既可为学生创设真实的情境，又能将学生引入想象的空间，使教材活起来，使课堂动起来。

三、信息技术在课堂教学中应用的原则

实践证明了信息技术教学的优势，但同时也反映了我们众多教师应用信息技术进行教学时存在的多个误区，通过总结，我们意识到信息技术在课堂教学中应遵循如下原则。

1. 辅助性原则

信息技术只能起到辅助教学的作用，不管计算机发展到什么水平，它始终不能取代教师的地位，只能辅助教师的教，辅助学生的学。因为用机器取代教师，对学生实施"目中无人"的教学，这种设计思想，既违背了教学规律，又违背了国情。对于信息技术教学，不能过分夸大它的作用，更不能让它替代教师的应有的创造性工作，我们不能抛弃传统教学中的合理有效的东西。教师在

课堂教学中的主导地位是信息技术所无法取代的。

以制作多媒体课件为例，有的教师设计制作课件，其目的就是在课堂上播放这些课件，觉得课件设计得越长越好，其实，课件的设计是不能代替教师上课的，课件只起辅导教学的功能，而不能代替教师的主导作用。教师根据课堂上学生的反映所做的点拨、引导、方法指导、分析讲解等都是课件无法预先设计的。

2. 适宜原则

适宜就是合适和相宜。所谓合适，就是信息技术在课堂教学中的应用要找到落脚点；所谓相宜，就是信息技术在课堂教学中的应用要找到切入点。有的教师完全依赖多媒体手段，一整堂课都在摆弄设备，好像是很热闹，却忽视了学生的练习和参与；有的教师全不以为然，一整堂课都不用信息技术教评，手捧传统不放。这都是不正确的态度，是极端的。那么我们什么时候该用，什么时候不用呢？这需要根据教学的实际、教师的实际、学生的实际来加以考虑。例如，需要提高学生的兴趣，提高学生学习的积极性时我们可以考虑使用，尤其是对低年龄段的学生，运用多媒体手段，给学生更形象、更直观的感官刺激，有助于帮助学生理解和提高兴趣，而对于高年级的学生，再以直观形象代替形象思维就是不适宜的。在想办法弥补教师自身素质缺陷时也可以考虑使用。教师的朗诵，因普通话不过关，比不上专业人员时，我们可以用录音；教师的板书因书法不够美观，我们可以用幻灯片；当形象思维发生偏差时，我们可以用影像来纠正；当教师和学生因空间和时间的限制，不能用常规教学手段解决教学问题时，我们也可以利用信息技术手段。

3. 效益性原则

我们设计使用信息技术进行课堂教学，其目的就是在单位时间里获取最好的教学效果。如果不考虑这一点，我们的设计就会出现偏差。例如，有的教师制作的课件只考虑了如何精美，在细节上不惜工本，既分散了学生的注意力，又浪费了编制者大量的宝贵时间。有的课件求大求全，完全不考虑学生的需求、课堂教学的容量，浪费了大量的资源。因此，让课件变得简约、实用，既是教学的需求，也是减轻教师的劳动、获得最佳效益的需要。

新时代在课堂教学中引入信息技术势在必行，在信息技术与学科课程整合的过程中，通过人际交流，师生交流，生生交流，很自然地体现了教师的主导作用和学生的主体作用，必然会给课堂注入新的活力，提高课堂教学效率也就水到渠成。教育信息化，使得教育文化发生了深刻的变化，但也不能全盘否定传统的教学模式，应该采用合理的方法，充分发挥各自的优势，设计新的课堂教学结构，精心设计和合理应用多媒体课件，使信息技术时代的课堂教学达到极具创造性和艺术性的最高境界。

第二章

信息化教学资源的开发与应用

STEM对信息化教学资源的影响

近年来，STEM教育已经在全世界引起了广泛的关注和影响，特别是教育部发布的《关于"十三五"期间全面深入推进教育信息化工作的指导意见（征求意见稿）》，谈到未来5年对教育信息化的规划时，提出学校要探索STEM教育、创客教育。STEM教育是通过基于情境、基于工程设计、基于项目等方式将科学、技术、工程和数学四门学科进行融合的跨学科教育，具有综合性、多样性、循环性、开放性和趣味性的特点。

一、信息化教学资源的概念

信息化教学资源的概念，随着信息化教育、信息化教学等概念的出现而出现，也是随着数字技术对传统的教科书、报刊、幻灯、投影、缩影资料、广播、录像、电唱机、电视、电影、录像、激光视盘等资源的整合而产生。现在信息化教学资源的范围是非常广泛的，如网络教学资源、网络学习资源、多媒体教学资源、信息化课程资源、现代远程教育资源以及各种光盘资源等都可以理解为信息化教学资源。

通常认为，"信息化教学资源"属于信息资源的范畴，是狭义理解的一种特殊的信息资源，是"经过选取、组织，使之有序化的，适合学习者发展自身的有用信息的集合"。现有信息化教学资源的定义主要强调了信息化教学资源的两个属性：一是在信息技术支持下的教育教学环境中使用，二是资源的数字化。如果仅强调第一个属性，信息化教学资源就是指用于信息化教学过程中帮助师生达到教育目的的一切资源，是一种非常广义的理解。如果仅强调第二个属性，信息化教学资源就是指用于教育教学过程中帮助师生达到教育目的的数字化的信息资源，是一种非常狭义的理解。如果仍然从资源的属性来看，信息化教学资源的可利用性和多样性与教学资源是一致的，信息化教学资源依然是用于教育教学过程之中的，信息化教学资源不仅扩充了教学资源的类型，其本身的类型也十分丰富。信息化教学资源与教学资源的不同就在于"价值性"。上述信息化教学资源的定义都强调信息技术的支持，那使用信息技术的"价值"又在哪里呢？很显然，这一直也是教育技术学所追求的。国外教育技术认为是"促进学习和提高绩效"，国内电化教育认为是实现教育的最优化，或套用前面教学资源的理解，信息化教学资源使用的"终极价值"就是比使用传统教学资源更好、更优地达到教育目的。

所以，广义的信息化教学资源可定义为用于信息化教学过程中帮助师生更好地达到教育目的的一切资源；狭义的信息化教学资源可定义为用于教育教学过程中帮助师生更好地达到教育目的的数字化信息资源。

二、信息化教学资源的分类和类型

1. 信息化教学资源的分类

根据《教育资源建设技术规范（征求意见稿）》，我国目前可建设的信息化资源主要包括九类，分别是：

（1）媒体素材：媒体素材是传播教学信息的基本材料单元，可分为五大类：文本类素材、图形/图像类素材、音频类素材、视频类素材、动画类素材。

（2）试题库：试题库是按照一定的教育测量理论，在计算机系统中实现的某个学科题目的集合，是在数学模型基础上建立起来的教育测量工具。

（3）试卷：试卷是用于进行多种类型测试的典型成套试题。

（4）课件与网络课件：课件与网络课件是对一个或几个知识点实施相对完整教学的用于教育、教学的软件，根据运行平台划分，可分为网络版的课件和单机运行的课件，网络版的课件需要在标准浏览器中运行，并且能通过网络教学环境被大家共享。单机运行的课件可通过网络下载后在本地计算机上运行。

（5）案例：案例是指由各种媒体元素组合的有现实指导意义和教学意义的代表性事件或现象。

（6）文献资料：文献资料是指有关教育方面的政策、法规、条例、规章制度，对重大事件的记录、重要文章、书籍等。

（7）常见问题解答：常见问题解答是针对某一具体领域最常出现的问题给出全面的解答。

（8）资源目录索引：列出某一领域中相关的网络资源地址链接和非网络资源的索引。

（9）网络课程：网络课程是通过网络表现的某门学科的教学内容及实施的

教学活动的总和，它包括两个组成部分：按一定的教学目标、教学策略组织起来的教学内容和网络教学支撑环境。

2. 信息化教学资源的类型

综合上述九个分类，可将信息化教学资源概括成三大类型：

（1）素材类教学资源建设，主要包括文本、图形/图像、音频、视频和动画等媒体素材。

（2）集成型教学资源，这些资源一般是根据特定的教学目的和应用目的，将多媒体素材和资源进行有效的组织，是一种"复合型"的资源。按照这些资源的实际应用形态，我们又可以将其分为以下类别，即课件与网络课件、案例、操作与练习型、虚拟实验型、微世界、教育游戏类、电子期刊类、教学模拟类、教育专题网站、研究性学习专题、问题解答型、信息检索型、练习测试型、认知工具类和探究性学习对象等。

（3）网络课程，指通过网络表现的某门学科的教学内容及实施的教学活动的总和，它包括两个组成部分：按一定的教学目标、教学策略组织起来的教学内容和网络教学支撑环境。其中网络教学支撑环境特指支持网络教学的软件工具、教学资源以及在网络教学平台上实施的教学活动。网络课程顺应人们需要终身学习这一趋势，为人们随时获取新知识提供了便利和强有力的支持。

总之，信息化教学有赖于信息化教学环境，营造信息化教学环境的核心内容是信息化教学资源的设计与开发。搞清楚信息化教学资源的概念和类型有利于为学生个人的自主学习、自主探究提供合适的探究工具和环境，为合作小组的合作学习、合作探究提供快捷、方便的协作交流工具与环境。

三、信息化教学资源建设的评价标准分析

一般在评价教学资源的信息化建设时，其评价标准可从素材资源、课件资源、教案资源和题库资源等的信息化方面加以分析。

1. 在素材资源方面

素材作为一种基本材料单元，主要是对教学信息加以传播。素材能够在不同课件中加以有机整合，具有较高的重复率，适用于不同专业和不同教师，与学习方法、教学方法和教学思想无关。

2. 在课件资源方面

课件的设计需要以教学目标和学习理论知识为依据，是对教学内容和教

学策略的有效反映，能够为学生学习和教师教学提供辅助作用。课件资源包括网络课件、单机CAI课件和辅教辅学型互动课件等。其中，网络课件是以网页浏览为依据，结合教学重难点知识加以设计；单机CAI课件的交互性较强，是借助计算机运行的教学软件；辅教辅学型互动课件则是依托流媒体技术进行制作，能够用于点播或直播。当然要想保证课件的适用性与可用性，教师应对课件进行自主制作，课件资源应由专业技术人员加以开发。

3. 在教学设计类资源方面

教学设计是保证教学活动顺利进行的重要支撑，教师可从课程标准出发，精心设计和安排教学方法、教学步骤与教学内容。教案包括反思点评、板书设计、教学过程、教学重难点、教学目标和课题等。教案资源的信息化能够增强教案的针对性，保证现有教学资源的数字化，便于资料的直接上传与在线编辑。

4. 在题库资源方面

题库主要是以相关的教育测量理论为依据，利用计算机系统整合某个专业的题目，其建设包括三个阶段：一是课程知识体系的建立。在建设试题库时，需要由专家综合梳理课程知识，并结合课程的实际特点与考核目标，如要求、难度、题型和内容等从而量化知识体系。二是试题的添加。试题来源包括自编试题和规范试卷，自编试题没有经过严格的检测，应对其进行选择性录入，而规范试卷多是经过了公众的评测与专家审核，因此可直接录入。三是修改与调试。该阶段是剔除部分不合适或异常的试题，相关负责人员需要对其进行及时删除与修正，保证成品题的正确性与科学性。

四、信息化教学资源建设与应用现状分析

1. 缺乏明确的建设目标

部分学校在建设信息化教学资源的过程中，缺乏明确的目标，导致建设的随机性和盲目性较大，不利于发挥资源的适切性。资源采购是教学资源信息化建设中的重要环节，但是在实际采购过程中采购的数量较少。部分学校的教学资源属于自主开发，多是由一线教师自主制作的教案与课件，没有结合学校的整体需求来制订建设目标。

2. 评价机制不健全

资源评价主体多是教研人员、资源开发人员和专家，而学生和教师无法成为资源评价的主体，导致信息化教学资源缺乏健全的评价机制。由于学生和教

师是其主要使用人员，因此，在评价信息化教学资源的质量时，需要从师生不同层面出发，对教学资源应用的优缺点加以及时发现。此外，反馈评价机制不完善也是导致评价机制不健全的重要原因。教学资源在实际应用过程中会存在一些问题，如果缺乏相应的反馈评价机制，则难以保证教学资源的及时改进，影响其建设质量与应用效果。

3. 教师信息素养不高

部分教师使用信息化教学资源时，虽然具备较高的热情，但是在制作、使用与获取资料等方面处于被动状态。部分教师在获取资料时选择网上搜索的方式，但是存在盲目搜索的情况，无法找到合适的网站；制作与使用资源的方式单一，主要采用多媒体课件，并受自身能力的限制，无法熟练掌握信息技术，难以制作出高效的课件。同时，由于没有经过系统化和专业化的培训，教师在使用教学资源时难以有效运用信息技术，无法保证教学设计的效果。

4. 软硬件资源建设不完善

在软件资源方面，部分学校建设的资源库存在质量差与数量少等问题。教师只能从网上搜索相关的信息化教学资源，没有足够的时间和能力筛选与整合资源。部分学校的资源库多由教师制作的课件构成。同时，信息化教学资源过于单一化，多媒体课件较多而缺乏电子题库与网络课程。造成这些问题的原因往往在于学校忽视软件资源的建设，部分教师缺乏较强的信息技术运用能力。

在硬件资源方面，学校教师在实际教学过程中，由于网速等因素的影响，较少使用多媒体教室，导致学生计算机的使用频率较低。此外，学校难以保证机房相关设施的齐全，硬件的基础设施建设和环境不完善，存在设备老化与更新慢等问题，并且学校校园网较少涉及教学资源，无法将其作用加以充分发挥，影响信息化教学资源的建设与应用。

五、加强信息化教学资源建设的有效途径

1. 明确建设目标

在信息化教学资源建设过程中，应从资源的形式、类型和内容等方面对建设目标加以明确，加强软硬件资源的建设，将课程与信息技术进行有机整合，确保资源建设能够满足学校的实际教学需求。学校在进行教学资源建设时应结合具体情况，如建设资金的筹集、相关人员的组织与培训、建设方式的确定等，保证建设方案的科学性与合理性。教师在实际教学过程中，应对教育技

术进行合理选择，充分利用媒体技术来制作教学资源，保证教学资源开发利用的合理性。

2. 建立健全评价机制

在建立健全信息化教学资源的评价机制时，必须要保证评价主体的多元化，强化资源评审，保证评价模式的开放性，有效提高教学资源评价的合理性与全面性。教育部门应利用评价反馈机制鼓励社区居民、家长、学生和教师等参与评价活动，并将非正式和正式的评价方式进行有机结合，如邀请专家、教研人员和优秀教师进行正式评价，并利用网站等形式征集广大使用者的意见，形成非正式评价，保证资源评价模式的开放性。当然，如果评审难以达到相关标准，则需要结合具体的评审意见加以修改，保证其满足相关要求后再用于资源库，提高资源的易用性、适用性、教学性与规范性等要求。

此外，学校可建立完善的评价反馈机制，对各方的评价反馈意见及时获取，保证评价的动态化，促进现有教学资源质量的提高。在资源建设的过程中，可进行形成性评价，对资源情况进行定期测评，科学分析资源构成，并结合反馈信息和需求信息来调整建设方案，保证其形式、类别、结构和内容等方面的动态化。学校应对各建设主体的自评功能加以充分发挥，整体评价资源，从专业大类分布、资源内容与结构等方面来协调建设。

3. 加大教师培训力度

要想加强信息化教学资源建设，必须要加大教师培训的力度，强化其应用能力。

（1）应对培训模式加以创新。应积极组织骨干教师和学校领导的培训，对本地资源加以有效整合，搭建培训的平台。同时，学校应从教师的岗位、年龄和所教科目出发，有针对性、有层次性地组织培训项目，并通过协作、研讨和交流等方式推行现代教育技术，采用在线学习和网络课程的形式来拓展知识。在对培训中的实践项目加以强化时，需要从技术和理论两方面加以强化，要求教师在对教学资源加以制作时能够增加实践性内容的比例。此外，学校可积极邀请专家来校进行交流，解答教师存在的疑难问题，也可将教研与培训进行融合，保证教师能够做到学用结合。

（2）应建立激励机制。在机制建立过程中，应从教师的实际需求出发，将教师管理和信息技术水平作为教师考核奖励、职称评定和资格认定的标准，对教师教学使用的课件与文档进行定期检查，强化物质激励的作用。同时，针对教师不同的信息水平制订不同的策略，表彰具有较高信息技术水平的教师，培训信息技术应用基础差的教师，不断提高教师的价值观和自我认同感，发挥精神激励的作用。此外，学校可对信息化教学的作用与优势加以充分宣传，建设网络测评系统，便于教师了解自身的技术水平，弥补自身不足，达到以评促学的目的。

信息化教学资源设计开发流程

一、基本原则

（1）以学为中心，注重学习者学习能力的培养。教师作为学习的促进者，引导、监控和评价学生的学习进程。

（2）充分利用各种信息资源来支持学习。

（3）以"任务驱动"和"问题解决"作为学习和研究活动的主线，在相关的有具体意义的情境中确定和教授学习策略与技能。

（4）强调"协作学习"。这种协作学习不仅指学生之间、师生之间的协作，也包括教师之间的协作，如实施跨年级和跨学科的基于资源的学习等。

（5）强调针对学习过程和学习资源的评价。

二、开发模式

1. 教学目标分析

分析教学目标是为了确定学生学习的主题，即与基本概念、基本原理、基本方法或基本过程有关的知识内容，对教学活动展开后需要达到的目标做一个整体描述，可以包括学生通过这节课的学习将学会什么知识和能力、会完成哪些创造性任务以及潜在的学习结果（包括知识目标、能力目标、情感目标）。

2. 学习问题与学习情境设计

学习问题（包括疑问、项目、分歧等）是整个信息化教学设计的关键，学习者的目标是要阐明和解决问题（或是回答提问、完成项目、解决分歧），信息化学习就是要通过解决具体情境中的真实问题来达到学习的目标。

3. 学习环境与学习资源的设计

从设计的角度看，学习环境是学习资源和学习工具的组合，这种组合实际上旨在实现某种目标的有机整合。在学习活动发生时，学习环境又被称为学习情境，其中必然包含人际关系要素。学习环境的设计主要表现为学习资源和学习工具的整合活动。在设计时也应考虑人际支持的实施方案，但人际支持通常表现为一种观念而不是具有严格操作步骤的实施法则。由于学习环境对学习活动起一种支撑作用，学习环境的设计必须在学习活动设计的基础上进行。不同的学习活动可能需要不同的学习资源和学习工具。学习环境的设计者必须清醒地认识到所设计的学习环境能支持哪些学习活动以及支持的程度如何。

4. 教学活动与学习活动过程的设计

按照建构主义思想，学习者学习和发展的动力来源于学习者与环境的相互作用。学习者认知机能的发展、情感态度的变化都应归因于这种相互作用。站在学习者的角度看，这种相互作用便是学习活动。因此，学习活动的设计必须作为教学设计的核心设计内容来看待。学习活动可以是个体的，也可以是群体协作的。群体协作的学习活动表现为协作个体之间的学习活动的相互作用。学习活动的设计最终表现为学习任务的设计，通过规定学习者所要完成的任务目标、成果形式、活动内容、活动策略和方法来引发学习者内部的认知加工和思维，从而达到发展学习者心理机能的目的。

三、信息化教学设计成果的形式

信息化教学设计的具体成果形式不仅是一篇传统意义上的教案，而且是包括多项内容的教学设计单元包，主要由教学情境问题定义、教学活动设计规划、教学课件以及可以链接与嵌入的多媒体网络资源组成。

信息技术设备在STEM教育中的应用与实践

随着信息技术迅速发展和新课程的不断推进，不少新教学技术在教育信息化和教改的浪潮中应运而生，3D设计打印、电子书包等有效地解决了教学中的疑难问题，给科学与工程实践教学带来了新的生机与活力。

一、3D打印技术让学生的想象变成现实

3D打印技术的应用使得过去难以实现的STEM工程实践类型的设计成为可能。教师借助3D打印技术为学生创建"体验式探究空间"，让学生先打印设计的局部。以设计桥梁为例，有的小组从形状入手，详细分析桥造型，分别从三角形、矩形、梯形、拱形等入手，甚至采用复合截面形式；有的小组重点观察桥梁受压破坏的位置，观察施压过程中结构点、纸梁、杆件等受破坏的情况从而寻找改进措施；有的组从内部结构入手，关注桥梁形式是否合理，桥的各构件的协调是否到位。3D打印技术既给学生提供了体验的空间，也让他们知识的运用成了可能：学生在主动参与真实的实践活动中，3D打印实体让学生的想象变成现实，他们将自己的创新设计或想法以可视化的方式呈现给教师和其他同学。可以说，3D打印技术促进了STEM教育的跨学科发展。

二、电子书包为学生的科学探究提供新的支持

STEM教育强调多学科的交叉融合，倡导一种"让学生自主探究，完成他们感兴趣并与生活相关的项目"的教学理念。但是在很多探究活动中，在没有既定前概念，教师又不能提供丰富资源和有力工具时，学生的探究常常会无从下手，这种无处探、无法探的假探究形式并不能促进学生科学核心素养的发展，电子书包技术则提供了这一探究的学习环境。

应用电子书包这一新技术后，在进行教学情境设置时，电子书包丰富的图像、音频组合给学生提供了想象的空间，激发学生想象思维的碰撞，有效提高

了学生的学习兴趣；在探究前期，教师做出预案，为学生提供可能需要的各种相关资料，学生根据自身需求，学习的过程中可以利用网络技术支持其获得其他有针对性的探究资源；在探究反馈环节中，学生可以自由浏览各种发布到资源库中的探究成果，针对各自的疑问在线提问，也可以全班同学共同观看并聆听某组学生的汇报。学生通过个性化学习，让学习方式回归到"以人为本"的基础上。

总之，在"大众创业，万众创新"的时代背景下，STEM教育在我国中小学中从最初的萌芽到现在的蓬勃发展，离不开各种新信息技术设备的推动。

获取信息化教学资源的方法与途径

　　信息化教学资源来自哪里？一是教师亲自动手制作，二是通过各种渠道购买、收集或加工他人的教学资源，为自己的教学所用。互联网的日益普及使之成为教师收集教学资源的一个重要来源。需要注意的是，在获取和使用他人的资源的时候，一定要遵守版权法的规定，自觉注明出处，尊重他人的知识产权。需要购买就购买，需要征得作者同意的就必须和作者协商。以下主要从集成型教学资源、素材类教学资源的获取与处理两个方面介绍。

一、集成型教学资源

　　集成型教学资源的制作需要教学设计、美工等多方面的知识和技能，有些复杂的课件则需要程序设计的知识。比如，我们现在使用的培训课件。教师可以使用一些所见即所得的软件，制作简单的集成型教学资源，例如，使用Power Point制作演示课件。复杂的资源则建议购买或者请专业公司合作制作。

二、素材类教学资源

1. 文本素材

　　通常情况下，教师应该根据教学要求编写文字材料。所以键盘输入是一种最主要的文本获取手段。当然新的输入技术的不断成熟和广泛应用会拓宽文字输入的渠道，如手写输入、语音输入等。

　　如果要在教学中引用他人的文字，小段内容可以通过上述手段输入；如果文字数量多，则需要采用一些更便捷的方法。

　　要引用书籍、期刊等印刷品上的文字，可以用扫描仪扫描或者用数码相机拍照，然后用光学识别软件（OCR）将扫描进来的图形转化为文字。

　　要引用光盘、网页上的文字，可以利用复制、粘贴的办法获取，然后将这些文字放入自己的文字编辑器（一般是Word）。

2. 图形图像

根据教学需要，教师可以使用图像编辑软件（如 Windows 附件中的"画图"），创作自己想要的图形图像，保存为文件，加入自己的教案或课件中。

如果要使用书籍、期刊等印刷品中的图片，可以利用扫描仪扫描为图像文件，也可以用数码相机拍照获得图像文件。

如果要使用教学光盘中的图形/图像文件，可以直接将该文件复制到自己的资源文件夹中，供以后使用。

如果要使用教学课件中的图片，而该图片不是以单独的文件形式保存的，或者说很难找到该图片对应的文件，则可以使用屏幕复制的办法（按 Print Screen 键），将该屏幕图形复制到剪贴板中，然后用画图或者其他图形编辑软件进行加工处理，保存为文件，或者直接在 Word、PowerPoint 等文字编辑软件中将该图片粘贴进来。

如果要使用网页上的图片，则可以使用复制、粘贴的办法，也可以使用另存为图片或者网页的办法。

3. 音频素材

教师如果要将自己或者学生等的演讲、朗诵、讨论等保存为计算机的声音文件，可以使用 Windows 的"录音机"。

当然现在很多教学课件中提供了各种类型的声音文件，教师可以直接复制过来使用。

如果要将现有的录音带、录像带或者电视节目等的声音转换为计算机的音频文件，则有两种办法：一是像录制教师朗诵那样录制录音机等声源播出的声音；二是用音频线连接录音机、录像机或者电视机等的线路输出和声卡的线路输入口，然后设置为线路输入录音，最后打开附件中的录音机进行录音。也可以将网络上搜索到的音频文件下载保存，供以后使用。

4. 视频素材

教师可以使用数字录像机（DV）、数码相机等将教学过程录像，然后直接将这些录像获得的视频文件保存在计算机上，供教学使用。

对于那些过去的模拟录像带上保存的录像，则需要经过较为专业的处理（如通过视频采集卡）才能转换为计算机中的视频文件。

当然，教学课件、VCD、DVD 等中的视频，也可以直接用相应的播放器播放。如果想将其转化为特定的格式，则需要用专业软件处理。也可以将网络上搜索到的视频文件下载保存，供以后使用。

多媒体课件设计开发的有效途径分析

多媒体课件是一种重要的信息化教学资源，是在一定的教学与学习理论的指导下，根据教学目标设计的，体现某种教学策略、表现特定教学内容的计算机软件。多媒体课件作为一种重要的信息化教学资源融入课堂，发挥着其他媒体无法替代的作用。而学习多媒体课件制作，有助于广大教师熟悉相关软件和硬件的使用方法，提高计算机多媒体设备使用技能，在此基础上进一步提高信息素养、提高教育技术技能；对制作课件的不断设计、修改，有助于教师加深对教学设计的理解和认识；在课件的使用与评价过程中，通过反思促进课程整合的发展等。在信息技术与学科整合不断向深层次发展的今天，多媒体课件制作的重要性就更加突出。

一、多媒体课件的定义

1. 课件

从广义上讲，凡具备一定教学功能的教学软件都可称之为"课件"。狭义的课件，指根据课程标准的要求，经过教学目标确定教学内容和任务分析，教学活动结构及界面设计等环节，而加以制作的课程软件。也就是说，其中必须包括具体学科的教学内容。

2. 多媒体课件

多媒体课件是指应用了多种媒体（包括文字、图形、图像、声音、动画等）的新型课件，它是以计算机为核心，交互地综合处理文字、图形、图像、声音、动画、视频等多种信息的一种教学软件。

二、多媒体课件的类型

根据多媒体课件在教育教学中所起的作用以及交互方式的不同，可以将其分为以下几种类型。

1. 课堂演示型

课堂演示型的多媒体课件一般应用在课堂教学中，是为了解决某一学科的教学重点和教学难点而开发的。在多媒体教室或CAI网络环境下，教师在讲课过程中可以借助这种类型的课件辅助课程内容的教学。

2. 帮助教师备课型

帮助教师备深型的课件，是帮助教师备课的一种辅助软件，是根据教学的需要为教师提供各种参考资料，用于考试的试题库及相应的答案，或者为教师提供制作演示型教学软件的平台，使他们能够制作课堂上使用的多媒体课件。

3. 个别化学习型

个别化学习型的课件是为学习者提供一个个别化的学习环境，学习者通过与计算机的交互作用完成教学内容的学习，实现一定的教学目标。在学习过程中学习者根据自身的条件进行自主学习。

个别化学习型课件主要包括八种形式：操练与练习、计算机辅助测验、对话、模拟、游戏、问题解答、发现学习与信息检索等。

（1）操练与练习。这种课件通常不是向学生传授新的教学内容，而是学生在学习了某一内容之后，通过反复地练习而达到对知识的熟练掌握的，比如数学运算、外语拼写等。

（2）计算机辅助测验。这种类型的课件主要是辅助教师完成一些教学测验，也可以说是一个测验系统，它一般会是一个大的试题库，计算机可以根据学习者选择的试题类型和试题难度自动出题，让学生回答，学生提交答案后，计算机系统可以自动阅卷并提供相应的反馈。

（3）对话。对话有两种类型，一种是由计算机控制的对话，称为个别指导，另一种是由学习者控制的对话，称为询问。

（4）模拟。模拟是在控制状态下对真实世界的再现。在教学中，模拟是通过模拟或再现真实世界的某些方面，让学生在这样的背景下完成实际操作活动而进行学习。模拟分为演示模拟、操作模拟、过程模拟和训练模拟四种。

（5）游戏。游戏型课件是一种寓教于乐的教学方式，也就是计算机以游戏的形式呈现教学内容，产生一种富有趣味性和竞争性的学习环境，激发学生的学习动机，使学生在游戏活动中得到训练或有所发现，从而取得积极的教育效果。游戏型课件既要体现一定的娱乐性和挑战性，更要很好地把握教学性这一基本原则。

（6）问题解答。问题解答指在教学中以计算机作为工具，让学生自己去解决那些与实际背景较接近的问题，目的是培养学生解决问题的能力。实施过程一般分为两种：一种是让学生把计算机作为解题工具，进行计算和方案的比较等，在人机对话中通过计算机给出的引导、启发及提示，经过反复尝试，逐步实现对给定问题的求解。另一种是计算机提出问题，先由学生设计求解步骤，再由专用套装软件完成其中的绘图、计算等具体操作。

（7）发现学习。发现式学习是主张学生独立学习、独立思考，自己发现问题，自己解决问题并得出结论的一种学习方法。这种方法能最大限度地发挥学生学习的主动性和积极性，培养他们的探索与创新精神。这种类型的课件是给学习者构造一个良好的学习环境，并为他们提供线索、分析和掌握新概念和原理的工具，学生通过不断地探索、尝试，发现其中的规律和知识。如佩珀特研究的一种叫作LOGO的计算机程序语言，就是很典型的一个案例。

（8）信息检索。信息检索型课件主要是向学习者提供学习资源，而如何应用这些资源完全由学习者自己决定。所以它为培养学生的学习能力提供了一个环境。随着信息化社会对学习能力要求的不断提高以及计算机网络的应用，信息检索型课件会更多地受到人们的重视。

4. 协作学习型

协作学习型课件强调学习过程中的协作与交流，为学生创设问题情境，激发学生的学习兴趣和学习动机。这类课件一般是以小组合作的方式，通过小组成员的讨论和交流，表达各自解决问题的思路和方法，最终完成教学目标。

5. 整合型

整合型课件是将计算机的应用整合于整个教学（学习）活动过程中，计算机主要扮演一个工具的角色，帮助学生完成在学习中需要做的各项工作。

三、多媒体课件的开发过程

多媒体CAI课件本质上是一种计算机软件，它的制作过程和方法与一般的软件有许多相同的地方。制作一个完整的多媒体课件，就像建造一栋大楼，需要从设计到施工，按部就班地按照流程进行工作。一般而言，多媒体课件的开发流程包括分析、设计、制作、评价四部分（见图2-1）。

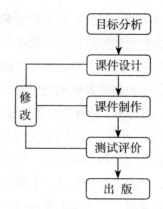

图2-1 多媒体课件开发流程图

1. 目标分析

（1）需求分析。需求分析包括课件要达到的目标、使用对象等。

（2）教学内容分析。根据教学内容选择适当的表现形式。

（3）可行性分析。可行性分析包括确定开发平台和运行环境，人员、经费、制作周期。

2. 课件设计

（1）教学设计。教学设计包括学生特征的分析，教学目标的确定，多媒体信息的选择，教学内容知识结构的设计，诊断评价的设计，形成完整教学设计方案。

（2）系统结构设计。系统结构设计包括封面设计、屏幕界面的整体设计、多媒体素材设计、人机交互设计。一个完整的多媒体课件都应有封面和封底，封面设计包括课件名称、署名、封面导言、建立使用者相应的档案、序言，封底设计一般用来介绍制作人员、致谢、出版单位、购买地址及制作年月等；屏幕界面的整体设计包括界面窗口的大小设计、布局、主题、教学信息设计；多媒体素材设计包括多媒体课件中文字、图形图像、动画、视频、声音的设计；人机交互设计的原则包括简易性、反馈性、一致性、可靠性、图形化。

（3）脚本编写。脚本也称"稿本"，是课件的设计蓝图，是沟通课件构思者和制作者的一个桥梁，是教学设计到计算机软件实现的一个过渡，可分为文字脚本和制作脚本。文字脚本由任课教师编写，包括使用对象和使用方式说明、教学内容和教学方式的描述、文字脚本卡片。

制作脚本由教学设计人员编写，包括课件结构说明、主要模块的分析、课件屏幕设计、链接关系的描述等。制作稿本可采用分页格式、列表格式。

3. 课件制作

素材准备包括文本、图形、图像、声音、动画、视频等多种数据。

4. 测试评价

通过测试检测程序的各项技术指标，评价课件是否达到预期的目标、在教学中能否发挥作用等。评价包括形成性评价、总结性评价。评价方法有实验、专家评估、现场应用、综合应用。

四、常见的多媒体课件开发工具

课件开发工具一般可分为两大类：通用工具和专用工具。通用工具是指国际上各大型软件公司开发的通用性较强的应用软件，这类软件并不是专为课件开发而设计的，但是能很好地为课件开发服务；专用工具是指专为学科教学服务或专为课件开发而设计的软件。

常见的制作课件的通用工具有PowerPoint、Flash、FrontPage、Authorware、Director、ArticulatePresenter等。

1. PowerPoint

PowerPoint是微软公司出品的Office系列中的一款优秀的演示文稿软件，它以线形展示为基本结构。其主要功能是将各种文字、图形、图像、声音、视频等信息以幻灯片方式展示出来，即将展示软件呈现过程分解成一系列的幻灯片画面，按顺序呈现的分离屏幕，用户分别对这些幻灯片画面进行生成、编辑和排列，由此将所要表达的抽象的内容、枯燥的数据以观众喜闻乐见的方式展示出来（见图2-2）。

图2-2　PowerPoint新建演示稿页面

PowerPoint制作课件的特点："幻灯片"式的演示效果、强大的多媒体功能、播放灵活、编辑方便、缺乏交互性。

2. Flash

Flash制作课件的特点：利用Flash制作的动画是矢量、修改容易、利用Flash生成的动画播放文件（*.swf）数据量小、交互性强、播放方便。

3. FrontPage

网络课件的框架一般使用FrontPage、DreamWeaver等网页设计软件制作，其中FrontPage适合网页的开发，易学易用。它是Microsoft公司推出的"所见即所得"的Web网站编辑器，是制作网络课件常用的工具。

4. Authorware

Authorware是Macromedia公司出品的一款多媒体制作软件，是一种基于设计图标和流程线结构的编辑平台，包含丰富的函数并具有强大的程序控制能力，将编辑系统和编辑语言较好地融合到一起的多媒体制作软件。其交互性十分灵活，主要应用于辅助教学、媒体展示、课件开发，也可用于编制一些简单的游戏和一些短小的应用软件。

5. Director

Director是Macromedia公司推出的多媒体开发工，是全球多媒体开发市场的重量级工具，它不仅具备直观易用的用户界面，而且拥有很强的编程能力（它本身集成了自己的Lingo语言），全称是Macromedia Director Shockwave Studio，目前最高的版本为Directo MX（也就是9.0）。主要定位于CDROM/DVDROM（多媒体光盘）的开发。用Director制作多媒体动画，无论是演示性还是交互性，都显出其专业级的制作能力和高效的多媒体处理技术。图像、文本、声音、动画等多媒体元素，在Director中都可以非常方便而有机地结合起来，创造出精美的动画。因为非常专业，所以教师用此软件制作课件的并不多。其特点为帧动画与编程相结合，用帧可以做出很多漂亮的动画，有Lingo语言可以编出你想要的交互效果，引入的外部的多媒体元素非常丰富，然而生成的文件比较大，在网络传输方面做得还不是很理想。

6. Articulate Presenter

Articulate Presenter是目前世界快速电子学习解决方案（Rapid e-Learning Solution）中的领先者，它为从PowerPoint演示文件进行e-learning的设计加工，并导出Flash学习课件或演示文件提供了最理想的工具。

它可以使非技术人员在PowerPoint中加入旁白、动画、练习等互动效果来创建电子课件。只要稍做设置就可以将PPT转换成互动、精美的Flash格式电子课件。它为用户节省了大量时间和费用，无须再耗费大量时间和精力开发复杂而昂贵的Flash动画演示作品或课件。

五、多媒体课件的评价

多媒体课件制作完成之后，工作并没有结束，所做的课件是否达到预期的目标，在教学中能否发挥作用，还有什么地方需要补充、修改和完善，这就需要对课件进行评价。

那么什么是评价呢？评价这个词泛指衡量人物和事物的价值，而价值则是指事物的用途和它的积极作用。多媒体课件的评价，主要是通过评价，确定软件在教育中的价值。

1. 评价的分类

评价的分类方法很多，按照评价发生的时间及任务，可以将评价分为两大类：形成性评价和总结性评价。

（1）形成性评价。形成性评价是在课件开发过程中进行的阶段性评价。课件制作并不是从头到尾一气呵成的，而是完成了某个小内容或模块之后，测试运行一下，其目的是发现其中的错误、遗漏或需要改进的地方，进一步修改，为课件的后续制作提供保障。这是课件开发过程中很重要的一个环节。

（2）总结性评价。总结性评价是在课件制作完成后对课件进行的总体性评价。通过相应的评价标准来判断该课件的教育价值，看其是否达到预定的教学和学习目标，是否有一定的推广应用价值等。

2. 评价的方法

在评价过程中，常用的方法有以下几种：

（1）实验。利用实验的方法进行评价一般会采用两种方式：仅施后测控制组和前测后测控制组。

（2）专家评估。所谓专家评估是指由软件评价组织发起，由学科教师、教学软件开发人员、教育学领域的专家等人员进行统一评审的一种评价方法。他们通过查阅课件相关文档资料，观察与记录课件运行状况，并依照一定的价值体系评价标准来进行评价。目前，我国许多地方组织的课件评比大赛大都采用这种方式。与实验的方式不同，专家评估是直接对课件价值的分析和判断。

（3）现场应用。所谓现场应用，是指将要评价的课件直接应用于教与学的实际过程中，观察学生在使用过程中的反应，并设计相应的问卷，收集教师和学生的反馈意见，进而判断软件的应用价值。

（4）综合应用。所谓综合应用，是指在评价过程中为了使评价更加有效，综合使用两种以上的方法。

3. 评价标准

评价指标体系是计算机辅助教学软件教育价值的细化，即把笼统的教育价值细分为一系列可以观察或测量的、便于处理、判断的信息分量，从而使评价人员可以从各个方面观察、衡量软件的教育价值，并以此为依据得出结论。

（1）完备性。评价内容体系应完整地反应教育价值的各个方面，不能以偏概全。一般会从课件的教育性、科学性、技术性、艺术性、使用性等方面综合考虑，并且合理地区分它们的指标在评价中所占的比重。

（2）合理性。指评价指标体系内部各项目的表述与结构应该是合理的，如教育价值的划分应有一定的科学根据，评价内容体系各项不能相互冲突，评价内容不应偏向于某个学习阶段、某学科内容、某种教育领域等。

（3）可操作性。指评价指标体系的项目内容应该是可以直接被观察记录下来的现象和行为表现，不能有含义不明、难以判断的项目。例如，"具有智能性"这个提法就比较笼统，难以界定，所以不宜作为评价项目。

第 三 章

小学信息技术课程的教学设计与组织

STEM教育理念下的课堂教学设计

一、含义宗旨

STEM教育理念图如图3-1所示。

图3-1　STEM教育理念图

科学

在于认识世界、解释自然界的客观规律、原理、原则，也解决它们之间的关系

科学

技术

改造事物的经验、技巧等方法

科学

技术

工程

应用数学、科学和技术领域的概念系统地解决复杂问题

科学
技术
工程
数学

是科学、技术与工程学科的基础工具，用于研究数字、形状、结构、变化和这些概念之间关系的一种抽象性代表体系

二、特征要求

STEM教育的特征及特征要求如图3-2、图3-3所示。

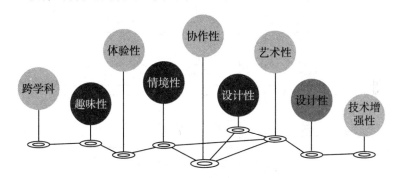

图3-2　STEM教育特征

普惠性要求　　提高性要求

图3-3　STEM教育特征要求

三、新发展

STEM的新发展如图3-4～3-8所示。

社会研究	语言	形体
音乐	美学	表演

图3-4　新发展——STEAM（艺术Arts）

图3-5　新发展——STERM（阅读与写作Reading&Writer）

图3-6　新发展——STEM+

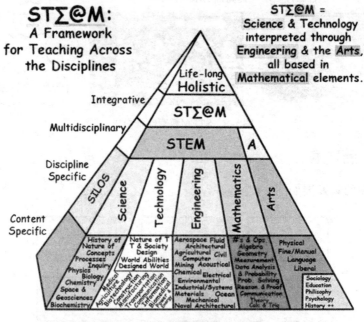

图3-7　跨学科教学框架英文版

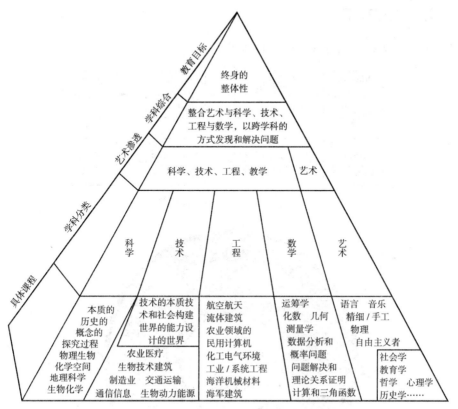

图3-8　跨学科教学框架中文版

四、设计原则

STEM的设计原则如图3-9所示。

图3-9　STEM的设计原则

五、流程环节

STEM的流程如图3-10 ~ 图3-13所示。

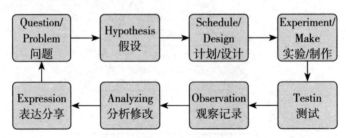

图3-10　STEM教育环节

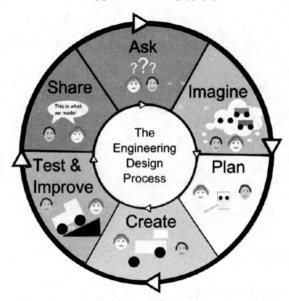

图3-11　STEM教育环节（二）

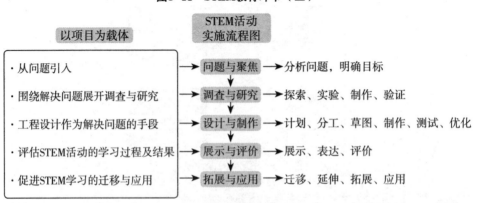

图3-12　STEM活动实施流程图（一）

目标阶段	导入主题、观察探讨、确立目标
方案阶段	规划设计、沟通修订、资料准备
加工阶段	内外结合、调动资源、交流互动
优化阶段	成品优化、这习打磨、信息通畅
分享阶段	回顾反思、探讨分享、寻求更优

图3-13　STEM活动实施流程图（二）

六、案例解析

智能交通信号灯

【项目概述】

如今，智慧城市已经走进了我们的生活，作为其中一个重要组成部分的"智慧交通"也已逐步向我们走来，让我们的城市交通变得更加安全、文明、和谐、有序，科技智能化的发展让我们的生活变得更加美好！

智能交通信号灯安装在十字路口、重要交通线路的位置。它可以实时监测每一时段的人流、车流情况，然后自动调整信号灯的切换时间；安装有太阳能发电装置，不会因为停电问题导致交通混乱；有温馨和谐的语言提示，让人们遵规出行平安生活；电子屏分为两个区域，一个区域实时记录显示当前交通情况，另一个区域实时记录显示当前温度和空气质量。

【小组活动】

1.畅谈：你心中的智能交通信号灯是什么样子？

2.协作：画出小组心中智能交通信号灯的草图，并阐述它的功能。

【总体项目目标】

1.通过完成智能交通信号灯的创意设计，培养学生的创新思维和未来预见能力。

2.通过完成智能交通信号灯结构的组装、搭建，培养学生的创意物化和实践操作能力。

3.通过完成智能交通信号灯的程序设计，培养学生的逻辑思维和计算思维能力。

4.通过小组对每个项目环节的分析、论证、探究，培养学生的合作意识与问题解决能力。

具体项目目标见表3-1。

表3-1　项目目标

项目学科	目标	项目设计点
科学	1. 观察生活周围（学校、小区附近）的交通信号灯（早晨、中午、晚上3个时段）时间间隔及实际的人流、车流情况，并进行记录统计。 2. 根据智能交通信号灯的功能选择传感器（超声波、红外传感器、温度传感器、空气质量传感器、LCD显示屏、3色LED灯、蜂鸣器、舵机、太阳能板等）进行组装实验，形成自动感应效果，培养学生的科学素养和科学探究能力	根据项目设计，选择各种相应的传感器及电子元件，搭建并测试其自动感应功能是否可行
技术	将开源硬件Arduino作为主控板，完成对相关传感器、电子器件的电路设计。利用Scraino、Milxy等软件编写程序，实现对相关传感器及电子器件进行控制测试。培养学生利用软件与开源硬件的有效物联设计能力	感应器与项目功能编制好后，进行编程设计与开发
工程	在智能交通信号灯的材料选用、组建方式、效果论证和施工操作中，培养学生的项目思维和工程思维。材料的选择要遵循节能环保、重复利用的原则。 经济版：冰糕棒、瓦楞纸盒； 豪华版：3D打印、激光切割	在智能交通信号灯制作中选材料、设计工程方案、图纸、制作智能交通信号灯
数学	1. 在项目规划过程中，利用数学知识对不同时间段交通信号灯的时间间隔、人车流情况进行统计分析，为后面的设计提供数据参考。 2. 在项目制作过程中，利用数学知识关注具体尺寸、稳固性、美观度和协调性	智能交通信号灯制作中的尺寸设计与稳固性考量
德育	在项目制作过程中，培养学生对国家科技强国的责任意识，培养学生对美好生活的关注与服务意识	信号灯展评中的意义解读与未来设想说明，以及对国家与社会发展的影响

主题分级如图3-14所示。

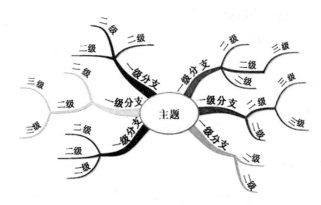

图3-14　主题分级

【项目任务】

智能交通信号灯的设计与制作。

任务一：对现有交通信号灯的数据采集（1周）。

任务二：智能交通信号灯的智能化设计（1周）。

任务三：智能交通信号灯外观材料的选用与搭建（1周）。

任务四：智能交通信号灯的编程调试（1周）。

任务五：智能交通信号灯的整体组装调试和展示（1周）。

【存在的问题】

根据对实际调查数据的分析所得出的智能交通信号灯"最佳时间切换"方案能否有效保障各时间段道路的安全畅通。目前的交通信号灯结构、样式、功能还存在哪些问题？人们对交通信号灯的"智能化"需求还有哪些？也可以通过采访（学校、小区附近）执勤的交警，去了解目前的交通信号灯系统是如何管理的？智能交通信号灯的设计能为我们的生活带来哪些变化？

第一阶段：项目准备。

项目问题：如何让学校、小区附近的交通信号灯能够根据不同时间段的人车流量，自动调整信号灯的时间间隔，从而有效保证道路的安全畅通。

项目目标：依据对学校、小区附近的不同时间段的人车流动情况的数据进行分析，从而得出不同时间段交通信号灯的最佳时间间隔，为以后的编程设计提供重要数据参考。

【拥堵问题解决】

七种方式减少或解决拥堵。

（1）出行方式的改变。

（2）路口交通标志线的施画方案。

（3）智能交通信号灯。

（4）增加交警数量，拥堵时段上路口。

（5）错峰上下班。

（6）学生在校时间。

（7）出行方式的转变，可换乘地铁、轻轨、高架桥，快速公交系统。

七、常见问题

（1）顶层设计很重要。即使小学生不会，也要让学生知道要有哪些过程、环节，就是解决问题的思路、顺序很重要。

（2）过程很重要。不仅是创意物化的过程，还有用工程思维解决问题过程，用研究探究的思路解决问题，这些过程都很重要。

（3）思维训练很重要。发现问题、分析归类问题、提出解决方案、解决问题、优化迭代、展示交流等环节里的思维训练要跟上。

（4）"脚手架"很重要。讨论分析记录、实验测试数据记录、操作步骤记录、技术支持微课导学案等。

（5）系统全面考虑充分预设很重要。

小学信息技术课程的教学要求

我国的计算机普及教育起步较晚，特别是小学计算机教学，直到20世纪90年代中期才形成了一定的教学体系。尽管已经把学科名称由"计算机"更名为"信息技术"，且已经成为课程设置中的一门必修课，但是在实际教学过程中，各地仍是千差万别，大部分学生学会的也只是对计算机本身的操作，只有小部分的学生会把计算机作为一种信息处理工具应用到日常生活与学习中去。随着信息技术的迅速发展，中小学信息技术课程的发展也逐渐加快了步伐。为使我们的接班人更好地适应信息社会的发展，抓好小学信息技术课程的教学是基础。

小学信息技术课程的主要目的是培养学生的信息素养，培养学生的思维能力、实践能力和创新能力，使信息技术成为学生终身学习的手段和工具。由于小学生的年龄特点，他们在学习中主要表现为自我控制及主动学习能力不强，而当前我国的教学体制中存在着不少问题：重教有余，重学不足；灌输有余，启发不足。这严重影响了学生的思维发展和主动学习能力的发展。因此在小学信息技术学习中，我们应该以学生为主体，注重学生学习的自主性，培养学生的创新意识，鼓励学生的积极参与，使其各方面能力都得到良好的发展。

一、更新理念，与时俱进

目前，基础教育课程改革正在全国展开。各地关于《基础教育课程改革纲要（试行）》的意见中也提出，推进信息技术在教学过程中的普遍应用，促进信息技术与学科课程的整合，实现教学内容的呈现方式、学生的学习方式和师生互动方式的多样化。

随着基础教育新课程的发展，教师不仅要考虑教什么和怎样教的问题，而且要思考为什么教的问题。要让学生学有用的信息技术，必须实现信息技术与学科课程的整合，切实转变学生的学习方式，保证学生自主性、探索性的学习落到实处。同时，也要认识到推行信息技术整合以学校充足的基础设施及师生较高的信息技术素养为前提。总之，根据我国国情和各地实际情况，在目前环境下（广大学科教师的计算机应用技术普遍薄弱），作为信息技术教育的专职计算机教师，应带头转变原有的工作方式，认识到自己不只是一个只知"教书"的匠人，而应是拥有现代教育观念、懂得反思技术、善于合作的探究者。

信息技术教师在教好计算机基础知识的同时，应主动改正只教计算机知识的错误理念，对现有的信息技术教育（更多的是计算机教育）的课堂重新进行审视、认识，对课堂进行必要的革新。主动向语文、数学、音乐、美术等学科教师伸出橄榄枝，邀请并协助他们把课搬到机房里来，以共同构建信息技术的"新课堂"，即以生本教育理念为架构的基石，以学生好学和学有用的信息技术为基本价值取向，突破"教本"限制，突破"课堂"限制，打破学科界限，走进一个更为广阔的学习空间，构建起开放的、综合的学习资源系统，实现人人学有价值的信息技术；人人都能获得必需的信息技术；不同的人在信息技术上得到不同的发展。

如教学画图软件，仅仅讲授画图软件怎么用，然后让学生在书上画一棵树、一个房子之类的事物，那将是单调、枯燥、无味的一节课。如果我们把美术教师请进来，先由自己介绍画图软件怎么用，再请美术教师讲解调色的简单原理，从而让学生学会自己调色；给学生讲授如何着色、用色才能使图画色彩协调；讲授简笔画的画法、构图和比例等，从而用画图软件完成一幅幅生动的画。学生们就能画出富有创意的欢乐场面，好的人物画、山水画、写意画，都有可能在课堂中出现。这样学生在学画的过程中又强化了画图软件的使用。

二、了解学生，钻研教材

学生是课堂学习的主体，要想上好小学信息技术课，首先，教师要充分了解学生，只有充分了解学生的知识程度，了解学生的学习习惯等具体情况，才能做到因材施教。通过对学生的了解，教师可以根据学生的具体情况，有针对性地设置教学目标、重点、难点、教学过程等，让学生带着目标有目的地学习知识、技能，从而提高课堂教学的效率。其次，教师还应当不断钻研教材、熟悉教材，充分了解教材中的知识点，结合学生实际，选择恰当的教学模式进行教学，有针对性地做好课前的各项准备工作，备出适应学生发展、适应课堂教学需求的好课。

对小学生来说，特别是低年级的学生，对信息技术课有着极大的兴趣，特别是对电脑（由于他们刚接触电脑不久）怀有一种神秘而好奇的心理，学习积极性很高，所以我们要利用好小学生的这一特点，培养他们主动去学习的习惯。课堂上通过一些情境创设，充分调动学生参与课堂的积极性。在课堂中，他们就会主动地去学习新的知识、接受新的教学内容。

三、创设和谐课堂，增强学习兴趣

小学生的形象思维相对突出，而且信息技术理论课的枯燥使得传统的讲授型教学方法不适应小学信息技术课的需要，这就需要教师积极探索寻求新的教学方法以促进教学。

在小学信息技术教学过程中，教师创设和谐的学习氛围，是排除学生学习中的心理障碍，克服学生的畏难情绪，保持学生学习的热情与积极性的重要手段之一。小学生都喜欢新奇、有趣的事情，强烈的兴趣和求知欲是学生最好的老师，培养学生的学习兴趣，不仅可以培养学生的学习热情，而且可以培养学生的想象力和创造力，提升学生的学习思维以及学生的记忆效果。

小学生对信息技术课的兴趣，很大程度上是由喜欢玩游戏引起的。那教师上课时是不是就禁止学生玩游戏呢？这要根据教学的实际情况而定，在上课时，可以根据学生的这一特点，把新课的学习寓于游戏之中，激发学生学习的兴趣，使学生在浓厚的兴趣中学习新知识，掌握新技能。

教师在组织教学的过程中，应当创设一种和谐的、学生感兴趣的课堂教学情境，把学生引入他们感兴趣的事件或环境中，鼓励和引导学生学习，这样才能使学生保持良好的学习热情，提高学生的学习积极性。例如，在上键盘指法时，如果教师一开始就直接讲解手指的摆放要求和指法要点，学生不但学得很累，而且很不愿意学，更加不能强迫其练习了。我们可以在教学中采用游戏引入的方法，先让学生玩"金山打字通"里的"摘苹果"游戏，同桌之间互相比一比，看谁打字速度快。由于大部分学生刚接触键盘不久，对字母排列和指法都不是很熟悉，所以打字速度非常慢，而且有些学生只会用一个手指按键盘，这样苹果自然也摘得不多。这时有学生就会提出如何才能打得又对又快。在这种情况下，教师可以及时提出记住指法的重要性，再讲解指法练习，学生就会学得很认真。经过一段时间的练习后，学生再玩这个游戏时就感到轻松自如了。

兴趣是最好的老师。没有兴趣，学生主体参与的活动将是勉强的。一旦激发了学生的学习兴趣，就能唤起他们的主动探究和求知欲望。在课堂教学中，利用多媒体集直观性、多变性、知识性、趣味性于一体的特点，为学生提供生动逼真的教学情境，大大激发学生的思维活动，充分发挥学生的主动学习的积极性，从而激发学生主动去学习信息技术的欲望。

小学信息技术课程的特点分析

信息技术教学与其他课程的教学既有共性亦有不同，随着课程发展和教育改革的推进，信息技术教学在延续自身传统的同时，又呈现出许多新的特点，也对信息技术教师的教学实施提出了新的要求。

小学信息技术课程的特点是由信息技术学科的性质和小学生的年龄特征共同决定的。它既不同于以往的小学计算机课，又不同于小学语文、数学等传统课程。它重在对小学生进行初步的信息意识、信息素养和信息技能的培养，集知识性和技能性于一体，体现出如下几个特点。

一、基础性

小学开设信息技术课，主要是着眼于基础教育在培养人才方面的重要作用。在信息时代，信息技术已经和读、写、算等基本能力一样，成为现代社会每个公民必须具有的基本素质和基本能力。

现实表明，以计算机和网络为核心的信息技术的发展速度是当今任何其他一门学科都未曾有过的，计算机硬件技术的高速发展带来的是软件的不断更新换代。这样，信息技术学科将在很长一段时间里处于高速度与高淘汰并存的发展状态。那么，如何在小学阶段为学生打好基础，使小学生在有限的在校学习期间学到的信息技术知识和技能，尽可能地对其长远发展起作用，而不至于随着信息技术的发展很快过时，是小学信息技术课面临的突出问题。

认知心理学认为，越是基础的东西越具有普遍性和可迁移性。因此，应该从培养学生的信息素养的角度出发，选取信息技术学科中的基础知识和基本技能作为小学信息技术课的教学内容。

💬 教学建议

首先，在小学信息技术课教学内容的选择上，应该突出基础性原则。小学信息技术教育应使学生终身受益；无论学生今后从事何种工作，他们在小学学到的知识和培养的能力都是有用的。小学信息技术教师选择教学内容，要立足当前，展望未来，知道时代对公民的信息技术要求是什么，如今普及的信息技术是什么，最有前途的信息技术是什么。所选学习内容应该是信息技术学科领域中具有一定稳定性的基础知识和基本技能，是学生将来能够运用的，或能迁移到其他领域中去的知识或技能。例如，什么是信息、信息的重要作用、计算机系统的组成、各个组成部分的有关概念及知识、大致工作流程、数据处理、计算机网络、多媒体计算机的概念等都是信息技术课程中相对稳定的基础知识。

小学信息技术教育是基础性的应用教育，培养意识、培养基本技能比培养本学科专才重要，所以应重视信息技术、信息科学的基本原理、基本理论和基本方法的学习，没有对这些基本原理、基本理论和基本方法的深入学习和理解，不可能实现对信息、对信息处理的结果和信息的活用实现有效的分析和评价，进而完善活用。比如，在讲程序设计语言时，不要过分重视程序设计的具体过程和步骤，也不要用过多的课时来讲解某一种编程语言的细节。重点在于讲解程序设计的基本思想和基本原理，使学生学习之后对程序设计基本结构和思路有一个概括性的了解，能够理解原理，并能够举一反三，以后随着信息技术的发展，对新产生的计算机编程语言能够容易把握。

计算机软件知识在信息技术课程中占很大比重。但是在讲软件知识时，切不可盯住一个具体软件的功能过于详细地讲，而应针对一类软件的共性，注重对其核心内容和基本操作技能的筛选。例如，在安排"文字处理"这部分知识点时，如选择WPS软件作为教学内容，则对于文字处理软件所共有的汉字输入、文字的编辑、美化以及图片的插入等基础知识和基本技能要作为重点内容。小学生在掌握这些知识点后，同样可以把所学的知识应用于记事本、Word等其他文字处理软件，更高层次地理解计算机处理文字信息的特点。

二、应用性

小学信息技术课程是一门应用性学科课程，培养学生应用信息技术解决实际问题的能力是课程的核心目标。在过去的计算机教育中，曾一度把计算机本身作为学习对象，使学生为学计算机而学计算机。前联合国开发计划署首席技术顾问Allen博士在1995年调查了我国计算机教育现状后说，要求学生掌握计算机的构造和程序设计语言并不重要，重要的是学会如何去应用它。在小学信息技术教育中，要特别重视信息活用能力的培养，即应用信息技术方法解决问题的能力的培养。学生不需要死记硬背一些信息技术方面的术语和概念，不需要面对一张张枯燥的试卷，他们要接受的是真正的生活对他们的考试，是身处信息社会中是对他们生存能力的挑战，他们需要学的是如何对大千世界中浩如烟海的信息进行检索、筛选、鉴别、使用、表达和创新，以及如何运用所学的信息技术知识来解决学习和生活中的各种问题。应用性是小学信息技术课程的显著特征。

📣 教学建议

针对小学信息技术课程应用性强的特点，在教学过程中要贯彻从生活中选取实例，再回到生活中去解决实际问题的原则。必须引导学生主动尝试和操作，使他们在实际应用过程中掌握相关的知识和技术。

在实际教学中，小学信息技术教师要在教学内容的选择上重点突出那些与日常学习和生活紧密相关的知识和技能，让学生学习之后能够在日常生活中找到它们的用武之地，通过使用，充分体会信息技术给他们的学习和生活带来的便捷和快乐。在教学方法上，知识和技能的传授应以"任务驱动"为主，注重学生解决问题能力的培养。教学过程可以从完成某一"任务"着手，让学生通过"分析问题—采集信息—处理信息—总结归纳—完善创新"等过程来完成"任务"。让学生在"做中学"，在用中提高，在具体的获取信息、处理信息的过程中进行实践和锻炼，增强他们处理实际问题的能力。在"任务驱动"中，任务的提出非常重要。任务可分为两种：一种是大任务，即"创造性"任务，如制作一张贺卡、设计并制作一份板报、上网查询资料并整理、打印、制作网页等。这种任务往往带有一定的综合性，可以通过学生亲自动手实践，解决一个实际问题，在应用中把所学的知识转化为相应的技能。另一种任务是小任务，即"试一试"。如"试一试，把文件夹中"我们的作业"这个文件（文件夹）删掉，可以有几种方法？""试一试，要给房子画一个三角形屋顶，应该在绘图工具中使用哪个按钮？"，这种任务一般是结合信息技术学习内容而设置的一些探索性的问题和尝试性的任务，让学生在探索中找到解决问题的方法，学会某些知识点和操作技能，有利于培养学生的自主学习能力和探索精神。在课外，应鼓励学生积极应用信息技术处理生活中的实际问题。如元旦时，有的学生主动应用计算机制作了新年贺卡送给老师和同学，这时，信息技术教师要及时给予鼓励，以强化小学生应用信息技术的意识和能力。

三、整合性

小学信息技术课程与小学其他学科课程相比较，具有较强的整合性。整合性的根本在于它的学科交叉性和它支持知识联系的整体性。它涉及众多的边缘和基础科学，如信息论、控制论、美学、文学、外语、数学、物理、电子学等。但有些地方的信息技术课只注重讲信息技术学科的内容，忽视在信息技术教学中有意渗透和融合其他学科的内容以及在培养学生信息能力的同时，培养其他学科素养。这种认识严重束缚了众多信息技术教育工作者的思路。

实施素质教育，提高教学质量，减轻学生课业负担的出路之一是淡化学科界线，开设整合性课程。信息技术课程具有这种得天独厚的优势。信息技术作为认知工具的本质使它的教学内容不能脱离其他学科内容而独立存在，只有在利用信息技术工具学习其他学科内容的过程中才能学会使用信息技术。

📣 教学建议

鉴于小学信息技术课的整合性特点，在教学中应该注意以下几个方面：

首先，在教师的教中，要注意把其他学科内容尽可能地融进信息技术课的教学中，使小学生在学习其他知识的同时，理解信息技术的特点和作用。这是在目前把信息技术作为教学对象的阶段可以采用的一种整合模式，即在信息技术课的教学中渗透和融合其他学科。

其次，在小学信息技术课中，学生的自主学习占很大比重。教师在给学生布置自主学习的任务时，要有意与其他学科相结合。如布置画图的任务时，要结合美术；文字处理任务可以与写作文、写日记结合起来；程序设计任务要与数学结合起来等。

再次，在学习方式方面，建构主义学习理论提倡合作学习。学会合作是素质教育的一项基本内容，也是信息时代对人的一种要求。信息技术课的整合性使之适合于开展合作学习活动。如在讲授"信息活动"所涉及的"信息加工""信息收集"概念时，可以安排学生分成若干小组，一起调查所在地环境污染的情况，并递交一份调查报告。通过这种整合性活动，不仅培养了学生信息收集和信息加工的能力，而且使学生增长了自然知识、地理知识、社会知识，锻炼了其数学分析能力和语文综合概括表达能力，同时还能增强学生的环保意识，使学生在活动中深刻认识到与他人合作的重要性，培养其合作精神。

四、趣味性

小学信息技术课程是一门趣味性很强的学科。这一特点是与小学生的心智发展水平密切相关的。小学生进行学习的主要动机来源于他们强烈的求知欲和对所学内容的兴趣。兴趣越高，则学习的动力越大，学习的效果也越好。而且，在小学阶段是否能培养起小学生对信息技术的兴趣，对其一生关于信息技术的态度都有着重要影响。因此，小学信息技术课的教学要突出趣味性，无论是教学内容还是教学形式都应该重视挖掘和体现信息技术课程的趣味性，重视激发、培养和引导学生对信息技术的学习兴趣，让"趣味"贯穿整个教学过程。

💬 教学建议

从心理学的角度分析，个人的兴趣往往与肯定的情绪体验相联系。而小学生又有特定的心理特征：好动、好问、好奇，习惯于游戏，喜欢各种生动有趣的形象，爱听动人的故事，注意力不集中，容易被形象直观、生动活泼、形式新颖、色彩鲜艳的东西所吸引。如果小学生对信息技术产生兴趣，就会产生一种参与意识，这就成为学生学习信息技术的一种动力。开发这种动力，是小学信息技术课教师的任务。

总之，由于计算机及网络等信息技术在信息社会中的重要地位，许多人误将信息技术教育等同于电脑知识教育，以为掌握了电脑知识也就具有了驾驭信息的能力。其实不然，如果一个人只偏重于电脑知识的学习，而轻视学习信息技术学科知识，纵使掌握了高超的信息技术，也难以有效地利用信息。所以，我们要始终贯彻信息素质教育的思想，使学生在学习信息技术过程中形成一系列良好的主动学习的习惯，使学生能更有效地主动去获取、处理、分析和利用信息，从而不断地提升自我、超越自我，这也是我们作为教师要为之努力的、不懈追求的永恒目标。

小学信息技术课堂教学中常用的教学方法

《中小学信息技术课程指导纲要》（以下简称《纲要》）指出：中小学信息技术课程的主要任务是培养学生对信息技术的兴趣和意识，让学生了解和掌握信息技术基本知识和技能，了解信息技术的发展及其应用对人类日常生活和科学技术的深刻影响。通过信息技术课程使学生具有获取信息、传输信息、处理信息和应用信息的能力，教育学生正确认识和理解与信息技术相关的文化、伦理和社会等问题，负责任地使用信息技术；培养学生良好的信息素养，把信息技术作为支持终身学习和合作学习的手段，为适应信息社会的学习、工作和生活打下必要的基础。

信息技术作为小学一门新开设的学科，是实施素质教育最重要的学科之一。培养学生的自主学习能力和创新能力是信息技术课堂教学目标的重要组成部分。在美国的一个图书馆里曾有这样三句话："我听见了就忘记了，我看见了就记住了，我做了就理解了。"由此可见在信息技术课堂中培养学生自主学习能力和操作能力的重要性。据此，为完成《纲要》规定的任务，达成教学目标，发展学生的能力，必须切实立足于平时的课堂教学。而在课堂教学中寻找并运用一种适宜的教学方法进行信息技术的教学就显得尤为重要。随着计算机硬件和软件的不断发展和信息技术教学的不断深入，其课堂教学从不规范到基本规范，教学方法从无到有，教学模式从借用其他学科的教学模式逐渐过渡到具有信息技术学科特色的教学模式。

在小学信息技术课的教学实践中，教师可以结合小学生的身心发展特点，以信息技术的课程目标为依据，探索小学信息技术教学方法，以下归纳出八种可以运用的教学方法。

一、传统讲解法

传统讲解法就是教师对知识进行系统的讲解。它作为一种最常用、最古老的教学方法，同样适用于新兴的信息技术学科，这种教学方法主要运用于信息技术常识性的知识教学，它不用借助其他教学设备就能完成教学过程，如教学计算机的发展史、计算机的组成、计算机的日常维护和病毒预防以及计算机的用途、网络道德等。这种教学方法也同样适用于计算机操作性知识的原理讲解和操作步骤的讲解，如操作计算机的坐姿、汉字输入法分析等。在教学中，教师要根据小学生的特点，教学语言要生动、形象，防止照本宣科，对教材的内容必须深加工，这样教师才能教得轻松，学生才能听得认真，记得牢固。

二、游戏教学法

游戏教学法即采用游戏的方式进行教学，可以让学生在游戏中学习，获得知识。这种方法经常用于小学课堂，而计算机课程的特殊性，更加促进了游戏法在小学信息技术课中的应用。教师引导学生进行游戏的练习，可以激发学生的学习兴趣，在游戏中高效率地完成教学任务。

游戏教学法可以让学生充分感受到课堂的趣味性，意识到自己在课堂教学中的分量，有主人公的意识，敢于参与，勇于表现，慢慢地把"学计算机"变成"玩计算机"。如学习《信息输入好帮手》一课时，教师可先教会学生认识鼠标、键盘，再讲一些基本的键盘使用知识，让他们慢慢地学会控制计算机，同时借助一些益智游戏帮助学生熟悉计算机，如"金山画王""金山打字通"，还有一些常玩的单机小游戏等，让学生进一步熟练控制鼠标、键盘，熟练掌握电脑的开启和关闭。如此一来，既可为学生奠定坚实的电脑知识基础，又容易让学生接受，实现"寓教于游戏"，让学生在轻松愉悦的氛围中学习，激发学生的学习兴趣，激励学生主动地、快乐地学好这门课程。

三、竞赛教学法

争强好胜是小学生的天性。在信息技术教学中以竞赛方式进行学习，不仅能够促使学生自觉、主动地对要竞赛的内容进行深入透彻的学习，而且对教师及时地掌握学生的知识理解程度也是很有好处的。例如，在对键盘基本键练习这一节课，学生学起来枯燥无味，针对这一现象，教师可以利用恰当的契机，组织一次字母录入竞赛，并设置一定的奖励制度，利用"金山打字通"软件进行竞赛，看谁的速度快。通过这样的设计，激发了学生的学习兴趣，学生在竞赛的过程中你追我赶，看谁输入的速度快。这样就促进了学生对键盘的熟悉程度及字母录入的熟练程度，有助于培养学生坚强的意志和主动学习的精神。

在竞赛方式下，学生根据自己所学的知识，以自己丰富的想象力主动进行创作，能独立地解决学习问题，同时在小组评选时，学生们也可以看到自己的不足，从而学到更多的知识，在竞赛中不断进步。

四、同步教学法

同步教学法就是学生与教师同步进行操作，学生在操作中掌握所学知识和操作内容。这种教学方法主要用于操作性较强的新知识教学过程，在复习中，学生存在比较难于理解的过程也可采用此方法，这种教学方法在信息技术学科的教学中有着更重要的作用和新的含义。

此教学法有两种应用模式：

（1）教师在教师用机上操作（边操作边讲解），通过计算机投影仪展示给学生看，学生则跟着教师的操作和讲解一步一步地操作，直到完成整个操作过程，这种教学模式在信息技术教学中应用很广，对于操作性较强的信息技术学科，针对某个具体的软件中的某一项具体的功能，操作步骤和过程比较多，界面变化频繁，教师难以讲解，采用这种教学模式，教师讲解一步，操作一步，学生跟着操作一步，教师讲解轻松，学生一听就能明白。这种教学模式必须要求计算机教室装有计算机投影仪，对有条件的学校来说，采用这种教学模式解决教学过程中重难点效果非常显著。

（2）教师看着学生的操作进行指导，学生在教师的指导和讲解下同时进行同样的操作，一步一步直到完成整个操作过程。这种教学模式适合更为广泛的农村学校，因为应用这种教学模式进行信息技术教学，教师不需要网络演示软件和计算机投影仪。在教学方法上与第一种模式基本一样，只是教师在教学中先指定几名学优生配合，教师讲解一步，全班学生在优生的配合下同步操作，在讲解时，除了讲解具体功能及作用外，由于部分学生没有直观的视觉参照，每一步操作都要强调鼠标的指向和点击的具体位置，为了让每一位学生都能完成操作，教师要找好参照物或说清楚具体方位。用这种教学模式，教师一定要控制好操作进度，绝不能出现一些学生操作在前，一些学生操作在后的情况，这样是无法进行教学的，所以要充分做好组织教学，提倡互助互学，发扬传（一个学生会了立刻传授给旁边的学生）、帮（对于极个别操作有困难的学生，旁边的学生要进行帮助）、带（教师要有意识地培养一些学优生，让他们带动周围学生）的精神。组织好教学，保证其教学效果与第一种教学模式完全一样，而且还会营造一种良好的学习氛围；若组织不好教学，这种教学方法，不但不会有良好效果反而会使课堂混乱，教师上课很吃力。

五、任务驱动法

所谓任务驱动就是将所要学习的新知识隐含在一个或几个任务之中，学生在教师的帮助下，紧紧围绕一个共同的任务，在强烈的问题动机的驱动下，通过对学习资源的积极主动应用，进行自主探索和互动协作的学习，并在完成既定任务的同时，引导学生进行一种学习实践活动。任务驱动是一种建立在建构主义教学理论基础上的教学法。它要求任务具有目标性和教学情境的创建，使学生带着真实的任务在探索中学习。让学生以任务为主线，教师为主导，自身为主体，完成教学任务。

以上流程的设计正响应了素质教学提倡的"教为主导，学为主体"的教学思想，它强调了学生的主体性，要求充分发挥学生在学习过程中的主动性、积极性和创造性。学生在其中被看作知识建构过程的积极参与者，学习的许多目标和任务都需要学生主动、有目的地获取材料来实现，而教师是教学过程的组织者、指导者、促进者和咨询者。所以，在任务驱动式教学模式中，要求教师在每节课前，先通过对教学目标和内容的分析和设计，安排学生自学课本上的知识，并准备好适当难度的任务。在课堂讲授之后，将任务交由学生自行完成。在整个问题的学习、分析和解决过程中，教师只起到组织和引导的作用，将主动思维和探索的空间还给学生，让学生主动发展。这样，最终不管学生得出或未得出结论，教师都要与学生进行如何完成任务的交流，最终对整个任务的完成做出合理的评价，并给出相应的反馈。在教学过程中，通过这样的方法，增加了学生的学习热情，培养了学生主动参与学习的意识，也在无形之中提高了学生自主学习的能力。

在这个过程中，要让学生明确，信息技术作为学习的基础工具，是服务于具体任务的，可以用于多个学科乃至生活的方方面面。教师要培养学生以一种自然的方式对待信息技术，把信息技术作为获取信息、探索问题、协作解决问题的认知工具，教会学生不再把学习的重心仅仅放在学会知识上，而是转到学会学习、掌握方法和培养自主学习能力上。

在实施过程中任务设计要有明确的目标，要求教师要在学习总体目标的框架上，把总目标细分为一个个的小目标，并把每一个学习模块的内容细化为一个个容易掌握的任务，通过这些小任务的完成来达成总的学习目标。例如，以小学信息技术第三册《制作个人通讯录》的学习为例，在学习"制作个人通讯录"的内容时，可以先给学生布置一个任务——"给表格设置自己喜欢的底色"，这个任务包含"制表格"和"设底色"两步操作，并强调"自己喜欢的底色"，体现了与学生的关系，同时也为下面的操作，即对通讯录的边框和底纹进行设置这节课的重点做了铺垫。在每堂课中，可以根据不同的教学内容分配不同的任务，要求学生当堂课内给出解决的方法。又如进行保存网上资料的模块综合练习时，可以让学生设计制作一份小报，要求有图、有文、有艺术字、有分栏等，其内容和版图完全由学生自由创作。这种形式比较适合于每个模块的综合学习阶段。在最终学习结束时，要求学生结合语文、数学甚至体育科目的相关内容，当然也可以是其他领域的内容。通过这种"任务驱动式"的不断训练，不但让学生熟练地掌握了课堂内容，也使他们把这种解决问题的技能逐渐运用到其他领域，获得了更大的提高。

学生利用信息技术解决问题、完成任务的过程，是一个充满想象、不断创新的过程，同时又是一个科学严谨、有计划的动手实践过程，只有把这个过程完全交给学生，才会有助于培养学生的创新精神和实践能力，不断地发展学生的自主学习能力。

六、研究性学习法

研究性学习，是指在教学过程中创设一种类似科学研究的情境或途径，根据学生的兴趣、爱好和条件，让学生在教师的引导下，从学习、生活中去选择和确定研究主题，用类似科学研究的方式，主动地去探索、发现和体验。同时，学会对信息进行收集、分析和判断，去获取知识、应用知识、解决问题，从而增强思考力和创造力，培养创新精神和实践能力的一种学习方式。这种学习方式的突出特征是坚持学生在学习过程中的自由选题、自主探究和自由创造，与以往的学习方式相比，研究性学习更有利于培养学生的创新能力。所以说，"让每个学生有进步"是研究性学习的核心价值取向。学生在研究性学习过程中始终处于主体地位，既学到了知识，又锻炼了直觉思维能力和创造思维能力，树立了自信心和自尊心。

信息技术教学作为以培养创新精神、研究能力和实践能力为目标取向的必修课程，它强调让学生通过研究性学习，提出问题，收集材料，对研究性课题进行探索、分析、研究，最后基于问题解决模式，在实践操作中培养学生科学的态度和价值观以及创新精神、创新思维、创造能力，并使学生学会解决生活中与信息技术学习有关的实际问题。要想让学生对信息课保持持久的学习热情，仅靠传授书本上的知识是远远不够的，更重要的是教师要有意识地开展信息技术与其他学科相联系的横向综合的教学。研究性学习模式中所需要完成的任务，一般不是教材中的内容，而是课堂的延伸，甚至是社会现实性问题，如环境保护、社会类问题等。在这一模式下，获取信息、交流信息，并最终以电脑作品的形式完成研究任务。也就是说，教师安排的任务可以是具体信息课的任务，也可以是其他（如语文、数学等）科目的问题。任务一旦提出，教师就将分析问题和解决问题的整个动态过程交给学生自主进行。通过一个或几个任务，甚至把相关的几个学科知识和能力要求作为一个整体任务，有机地结合在一起，让学生在研究如何完成任务的同时，完成几个学科相关知识的学习。

研究性学习教学不再是传统的单一学科学习的框架，而需要按照学生认知水平的不同，将学习生活和社会生活中学生感兴趣的问题，以课题的形式来解决以达成课程目标。学生经历主体性、探索性、创造性地解决问题的过程，将多个学科的知识、学问性知识和体验性知识、课内与课外、学校与社会有机地结合在一起，最大限度地激发了自主学习和探究问题寻找解决方法的热情。就其整个过程而言，研究性学习教学更加突出了学生的自主性和参与的过程性。在整个研究的过程中，从研究方案的提出、形成、方案的实施到任务的完成，都由学生自主进行，而教师仅对学生题目的选择和分析资料的方法等进行一般性指导。在整个学习过程中，学生作为学习主体，完全依靠自己的能力解决所遇到的一切问题，课题结束时也使学生扩充了自身在课内外的知识。

小学信息技术研究性学习教学是沟通学校与社会、书本与实际、人与自然的一种很好的学习方式，它与通过间接的传授途径去认识社会、认识自然的方式最大的不同在于，它是通过学生的多种感官参与完成的，是对于现实的感受和认知。同时，信息技术研究性学习一方面需要学生情绪、情感的参与，另一方面又是学生的情感发展和新的情感获得的过程。情绪和情感的获得会对学生的认识和行为产生潜移默化的影响，这是信息技术书本学习所不能比拟的。

七、分层合作学习法

分层是在课堂教学中尝试实现个别化教学的一种方法。在课堂教学中允许学生对学习材料、学习方法、达成目标的程度和达成目标的期限有灵活选择的机会和余地。教学目标、教学内容、教学时间、教学步骤以及教学方法的确定都可以从不同层次的学生的实际出发。针对不同层次的学生，教学目标的高低应有不同的要求。针对学生的学习效率不同，学习内容的容量也应有不同。针对学生认知能力，在自学、讨论、练习上也有不同的要求。教学目标分层是实施分层教学的关键做法之一。目标分层就是将传统教学中统得过死的划一的教学目标，改为可由学生选择的弹性目标。学习目标和学习方法允许由学生来选择，这就使得学生"人人有事可做""人人有兴趣学"。教师的任务由讲解和讲授转化为指导学生学习，了解学生学习情况，给予个别辅导。学习方式也由教师讲学生听转化为主要是学生自学和小组合作学习。分小组学习是分层教学比较可行的一种课堂教学形式。

萧伯纳曾做过一个著名比喻："倘若你有一个苹果，我也有一个苹果，而我们彼此交换这些苹果，那么你和我仍各只有一苹果。但是，倘若你有一种思想，而我也有一种思想，而我们彼此交流这些思想，那么，人均每个人将各有两种思想。"这个比喻很形象地告诉我们这样一个道理，如几个人一起交流自己的知识、思想，就会促进每个人多学一点儿东西。通过合作、交流，每个人很可能得到一个甚至几个"金苹果"。这实际上包含有合作学习的意思。合作学习是指通过两个或两个以上的个体，在一起从事学习活动，互促学习，以提高学习效果的一种教学形式。它以建构主义理论和人本主义学习理论为基础。组织合作学习，一方面培养了学生的学习兴趣，激发了学生的学习主动性；另一方面也可以让学生在合作中体验成功，从而培养学生良好的学习习惯和团结协作精神。学生学习中的协作活动有利于发展学生个体的思维能力，增强学生个体之间的沟通能力以及对学生个体之间差异的包容能力。此外，合作学习对提高学生的学习业绩、形成学生的批判性思维与创新性思维、对待学习内容与学校的乐观态度、小组个体之间及其与社会成员的交流沟通能力、自尊心与个体间相互尊重关系的处理等都有明显的积极作用。此外，分层合作学习模式对于培养学生的创造能力、求异思维、批判思维、探索发现精神、与学习伙伴的合作共处能力和培养新世纪需要的创新型人才非常重要。

信息技术的教学过程是师生信息加工与交互作用的过程。直接影响学生自主学习能力的主要因素是学生在学习活动中的主观能动性。因此要促使学生乐于学习，使他们乐意参加到教师和学生共同的学习过程中来。作为教师，不妨选择一些较为恰当的合作学习方式，使教学过程中各因素都能以最良好的状态出现在优化联系中。

八、广播演示法

广播演示法就是教师利用网络演示软件操作，学生从教师的示范性操作中学习操作的步骤和方法。这种教学方法主要用于操作性较强的过程，如画图、Word、PowerPoint等应用软件的启动、退出、操作界面的介绍、各种编辑操作等。这种教学方法在信息技术教学中是一种重要而非常有效的教学方法，学生能够在很短的时间内直接了解各种应用软件的功能、操作方法。这种方法不但可以用在讲解新课上，也可放在课程的导入阶段，教师可以组织一些新颖的导入内容，吸引学生的注意力，激发学生的学习兴趣，有利于让学生同步进入教学过程，防止个别学生进行其他操作，使全班学生的学习能与教师的授课内容同步。

以上介绍的八种教学法，并不是相互独立的，它们在实际教学中是相互包容、融会贯通的，可以综合运用。各种教学方法之间可以根据教学内容、学生身心发展特点，在不同的课中或同一堂课中不同教学阶段选用合适的教学方法进行教学，这样才能收到更好的教学效果。扎根于信息技术教学的课堂，最大限度地发挥学生的潜能，调动学生的学习积极性，使每一位学生的能力真正得到锻炼并且有所提高。

总之，无论采取何种教学方法，教师的任务在于将学生引向自主学习的道路，并引导他们如何去发现，如何去思考，如何去寻找解决问题的方法，最终让学生自己能提出问题，并经过思考，自己解决问题，充分发挥学生的主观能动性，让学生进入主体角色，能主动去学习，成为知识的主动建构者。

小学信息技术课程的教学设计

由教育部制定的中小学信息技术新课程标准中，明确提出了信息技术课程的基本理念，即提高信息素养，培养信息时代的合格公民；营造良好的信息环境，打造终身学习的平台；关注全体学生，建设有特色的信息技术课程；培养解决问题的能力，倡导运用信息技术进行创新实践；注重交流与合作，共同建构健康的信息文化。

教学设计是实施教学的具体的、可操作的程序。它综合了教学过程中诸如教学目标、教学内容、教学对象、学习策略、教学方法、教学媒体、教学评价等基本要素，将运用系统方法的设计过程加以模式化。根据新课程理念并结合信息技术课程的特点，信息技术教学设计的各个环节应该也有所改革、有所创新。

一、整合教学目标

中小学信息技术课程的总目标是提升学生的信息素养，可以归纳为知识与技能、过程与方法、情感态度与价值观三个相互渗透、有机联系的维度。新课程的价值追求，是知识与技能、过程与方法以及情感态度与价值观三个维度的有机结合。

二、分析教学对象

"为了每一位学生的发展"，是新课程改革的宗旨。在这样的教育理念指导下，迫切需要教师随之改变以往的教育观念、教育行为。教师课堂上要尊重学生的人格，关注个体的差异，满足不同学生的学习需求。另外，要在课堂上真正做到"以学生发展为本"，使新课程的理念真正落实到每一天的课堂上，要做到了解学生的年龄特点、学习基础、学习兴趣和学习态度等情况，既了解一般情况，又了解个别差异。我们可以根据学生以往的信息技术的水平、能力来分析哪些知识点是他们容易掌握的，这样的知识点只需要点到为止，否则需要详细的介绍和指导练习。通过分析学生的差异来进行分组，在分组中要特意每组安排一名接受能力比较强的学生，增强每个学生的合作意识。

三、确定教学内容

教学内容是教学目标的知识载体，教学目标要通过一系列的教学内容才能体现出来。教学内容必须体现教学目标，必须从学生的实际出发，符合学生的认识规律，并结合当地教学设施硬件和软件的条件等来确定。

教材不等于教学内容，教学内容大于教材，新课程倡导教师"用教材"而不是简单的"教教材"，教师要创造性地用教材，在教学过程中，根据学生的实际情况和新课标的要求，对教材知识进行重组，目的是让学生亲历一个完整的信息获取、加工和表达的过程，激发学生的学习兴趣。

四、设计学习任务

构建学习任务时，应充分考虑以下原则：①要具有可操作性；②要涵盖教学目标所定义的知识点；③要符合学习者的特征；④要与学习、生活密切相关。

五、组建学习资源

学习资源是指所有用来帮助学生学习的资源。学习资源是学生自主学习、协作学习、探究学习的有力保障。信息技术课程的学习资源分为两类：一类是数字化资源，如教学软件、专业资源网站等；另一类是非数字化资源，如图书、报刊、录像等。

教师应密切结合教学实际，收集、组织、开发必要的教学资源，建立不同层次、不同类型的资源库。在教学过程中，可以为学生设计常用获取信息的方法与技巧、常用的搜索引擎、各种搜索引擎的使用技巧、网民在网上获取信息常用的方法以及知识产权和合法利用信息等相关学习资源。

六、创设学习情境

学习情境指为学生提供一个完整、真实的问题背景，以此为支撑物启动教学，使学生产生学习的需要；同时支撑物的表征、视觉本质又促进了学习共同体中成员间的互动、交流，即协作学习，驱动学习者进行自主学习，从而达到主动建构知识意义的目的。

七、开展教学评价

评价是修改的基础，是教学设计成果趋向完善的调控环节。通过客观的、科学的评价，教学设计工作将不断得以检验、修正和完善。新课程提出关注学生在课堂教学中的表现应成为课堂教学评价的主要内容，包括学生在课堂师生互动、自主学习、同伴合作中的行为表现、参与热情、情感体验和探究、思考的过程等。教学评价要综合运用各种过程性评价方式，全面考查学生信息素养的养成过程，并与教学过程相结合，动态把握，及时引导学生情感、态度和价值观的形成。

为了做好教学评价，可以利用"电子学习档案袋"，将每个学生在课堂上的表现情况记录到档案袋中，如学生发言情况、学生协作学习情况、作品评价情况、学生自我评价、教师评价等。

新课程结构下的信息技术教学还是个刚刚开发的领域，值得我们进行长期的探讨，在今后的教学过程中，使教材逐步完善、教法逐步改进、考核逐步规范，这些都需要我们去不断探索，及时总结经验，走出误区，培养具有高水平信息素养的合格人才。

第四章

小学信息技术课堂教学模式的多元化

STEM环境下小学信息技术课多元化教学模式

信息技术课程是一门培养学生独创性的学科，它有太多的空间可以让学生进行大胆设想。STEM教育是帮助学生有效地掌握信息技术知识和技能，锻炼信息技术应用能力，培养和提高信息素养的主要方式。教学方式的多元化是实现高效课堂管理的有效模式。信息技术课堂上的多样化教学方法的有机融合，将引导学生积极思维、主动获取知识，从而发展智能。教师借助STEM跨领域、跨学科整合思维，融合要素，培养学生的综合实践能力，为学生个性发展提供多个平台，推动学生多维度、全面化发展。

一、多元化的主题教学体现魅力

多元化的主题教学是指在主题式教学过程中，融入对学生语言表达、批判性思维、合作能力、情感态度等方面的培养。

1. 确定主题是教学设计的关键

一个主题是指聚焦于一个较大的理念或较宽泛的概念的一组活动或一系列课程。学生围绕某一个具体的学习项目，充分选择和利用最优化的学习资源，在实践体验、内化吸收、探索创新中获得较为完整而具体的知识，形成专门的技能并获得发展。一个主题可以使一系列的基本技能得以应用，并且还可以为各种活动项目提供良好的主题。主题式教学通常以学生完成一组活动或一系列课程开始，在活动课中，包含了学生所必须掌握的基本技能。然后，教师鼓励学生就他们所学到的知识提出自己的困惑并找出答案。在主题式教学过程中，学生不但能掌握信息技术课堂所提出来的技术要点，而且经过主题讨论分享培养多元智能理论提出的其他方面的能力，并且通过分析、解决、完善、分享培养学生高阶批判性思维能力。所以，主题式教学对学生知识的增长是大有裨益的。

选择什么样的主题，是教学设计的关键点。主题的确定要符合以下原则：

（1）自为性原则。学生在学习时"自觉自为"，自主地实践、体验、总结和创新，从中获取知识，形成能力。教师只是给他们提供必要的条件和相关的帮助。

（2）生活化原则。学习主题紧密联系学生的生活实际，把要学习的知识融入生活问题之中，生活问题以具体真实和活化的形态呈现在学生面前，引发学生自己去学习、思考、实践和探索。

（3）整合性原则。学习以主题为纲，把多种知识点融合在一起，这在学习内容上是整合；学生在进行项目学习时，既要思，又要做，还要创，学生的感官全面参与，形成富有个性的认识和体验，在学习方式上体现了整合性。

（4）创新性原则。主题学习的收获是多方面的，解决问题的途径是开放的，不少问题的结果也不是唯一的，因此，教师应鼓励学生大胆创新，寻找一切可能的、合适的解决问题的方法和途径。

2. 多元化主题式教学特点与实施步骤

多元化主题式教学可以从学生的身边事、喜闻乐见的事着手做起，提出主题式活动。结合信息技术知识点，学生可以进行制作邮票、电脑桌面、标志牌、地图、海报、明信片、广告、新闻等主题活动。

根据主题式教学特点，设计出如下课程的教学步骤（见图4-1）：

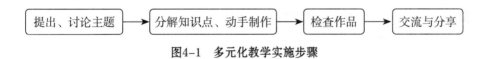

图4-1 多元化教学实施步骤

主题式学习的基本特点是：

（1）学习情境真实而具体。按学习的需求立项，一般取材于生活，学生面对的是真实而具体的问题，而不是被"挤干"了各种复杂因素的单纯而抽象的某个学习问题。

（2）学习内容综合而开放。所涉及的问题不论大小，都具有综合性和开放性。它融理论知识与实践操作于一个主题之中，包容了多方面的知识和技能。

（3）学习途径多样而协同。往往需要通过实践体验、学习书本知识、创造想象等多种途径来完成。

下面以《小学信息技术》第四册Word模块部分知识为例，详细讲解这部分内容多元化主题教学步骤。

1. 提出主题

设计相应的问题让学生去讨论。以"贺卡制作"作为本单元的主题活动，可以向学生提出下列问题：

（1）你有没有收到过贺卡？你见过贺卡吗？贺卡是什么样子的？大多数的贺卡都是一面图片，另一面为祝福语。现在，我们要为自己的亲人或好友设计一张贺卡，将自己的美好祝福传递出去。

（2）认真思考下面的问题，并和同伴讨论一下你的想法。把你们的想法写在一张白纸上，并在纸上画出贺卡的正面和背面的设计草图，这些对你将要进行的活动会很有帮助。

（3）你想把贺卡送给谁？你为什么要送他（她）贺卡呢？

（4）如果让你选择一张图片放到贺卡上，你会选择什么样的图片呢？为什么？你可以在哪里找到这样的图片呢？

（5）你会怎样设计贺卡的背面？如何明显表达你的祝福？

2. 分解知识点、动手制作

收集目前信息技术教材中的知识点，糅合到项目制作中去。在制作作品的过程中指导学生看书、自学新的信息技术知识。

知识点：

Word中的绘图工具、插入图片、插入剪贴画、插入艺术字、设置文本框边框及填充色、插入文本框、设置图片与文字的环绕方式等。

动手操作流程：

（1）建Word文档。

（2）绘制一个长方形，作为贺卡的正面。

（3）复制这个长方形，作为贺卡的背面。

（4）将一张体现你祝福的图片添加到贺卡的正面（可以参考"插入剪贴画""插入图片"）。

（5）在添加图片后，适当改变它的文本环绕方式。移动并调整图片大小，将图片很合适地安放在第一个长方形区域的内部（参考"设置环绕方式"）。

（6）创建艺术字，写上你的祝福语，调整好大小，放在图片的上方（参考"插入艺术字"）。

（7）在背面的右下角创建一个文本框。在里面写上你的名字，可以调整文字的大小和外观，也可以改变文本框边框的外观（参考"插入文本框"）。

（8）保存作品。

3. 检查作品

给出每个项目要制作的检查要点，是否还有值得改进的地方？本单元给出的检查要求如下：

（1）贺卡的正面有一幅体现你祝福特点的图片。

（2）用艺术字的格式写出你对亲人或朋友的祝福语。

（3）如果其中哪一个元素漏掉了，现在就把它加上去。此外你还可以按照你的想法做出一些改变来修饰你的作品。

4. 交流与分享

在进行作品分享时，你需要准备回答以下这些问题，以便在接下来的讨论里和大家探讨这些问题。

（1）你为什么选择这张图片作为贺卡的正面呢？

（2）你是采用哪种方法将图片添加到贺卡的正面的？为什么你会选择这种方法？

（3）制作贺卡的过程中最困难的是哪一部分？你是怎样克服这个困难的？

（4）你还想制作什么类型的贺卡？

每个活动一般安排2～3个学时完成，第1学时完成主题的意义或讨论问题，第2学时，开始回顾上节课的内容，重新认识自己的主题设计过程，再进行制作。

多元化主题式的信息技术教学以多元智能理论和教育目标分类理论为依据，从学生的现实生活出发，构建"开口说、动手做、动脑想"的全新教学模式，让学生走出只是学习技术的局限，弥补目前信息技术教材的不足。主题式教学可以与合作学习有机地融合在一起，培养学生更多的能力，给学生更大的发展空间。

二、创建多样化的课堂教学模式

1. 重视教学情境的营造

情境创设能引起学生的兴趣和学习的内在需求，也是联系现实生活与世界的桥梁。通过真实的学习情境创设与当前学习主题相关的、尽可能真实的学习情境，设计出开放的学习任务，激发学生想象力，使学习直观化、形象化。在一定情境的作用下，学生会产生智慧的火花。如在学习"建立文件夹"这节课时，教师可以设置这样的教学情境：小强信息技术操作能力比较强，但有一个毛病，做完的保存的文件总是不知道放到哪里去了，怎样帮小强解决这个问题呢？在引发学生思考的时候，教师引出本节课的教学内容。"老师有个建议，可以在小强的电脑桌面上建立一个文件夹把需要保存的文件放在文件夹中，这样只需要打开文件夹就能找到保存过的文件了。"又如，在"多边形工具"一课教学中，教师可创设一个校园花园的场景，在学生感受美的氛围中提出问题，进行任务驱动：我们想用手中的鼠标记录这一美好画面么？然后出示由教师电脑创作的由线条组成的花园美景。这样不仅激发了学生学习的兴趣，而且使学生产生了完成学习任务的动力。

2. 培养学生团队互助的品质与合作的意识

信息技术课堂教学的主体是学生，教师应给学生充分的时间进行自主的学习和实践。小组合作以小组为单位开展学习，完成教师布置教学任务的同时，提升团队互助的品质与合作的意识。如"制作贺卡"一课，这一教学任务内容较灵活，可以小组的形式来完成，学生可以根据自己的需要，制作特殊节日的贺卡，送给指定的人，如"教师节贺卡""生日贺卡""新年贺卡"等。教师给学生机会进行实践学习，学生在小组内进行自由讨论与操作交流，领会教师教学Word软件艺术字等操作方法的同时，融合小组的想法和建议，提升操作能力，培养团队间互助的品质。

3. "以赛代练"增强学习氛围

信息技术课上通过设置一系列形式多样，丰富多彩的竞赛活动，以赛代练，帮助学生复习知识，巩固能力，提升水平和学习效率。如在教学"Word运用"这部分内容时，通过组织"格式调整大赛"活动，四人为一组，按要求将格式混乱的四个文档在规定时间内调整。这样既可以利用竞赛增强学习氛围，又能引导学生合作，并且每个同学都有亲手操作的机会，调动了学生的主动性。四个文档调整完，学生已基本上熟练掌握了Word格式调整这一内容，学习效率明显提高。

4. "任务驱动法"构建学生自驱力

任务驱动是一种建立在建构主义教学理论基础上的教学方法，符合探究式教学模式，适用于培养学生的自学能力和相对独立地分析问题、解决问题的能力。任务驱动教学法已经具有"以任务为主线、教师为主导、学生为主体"的基本特征。教师作为课堂教学的引导者，学生主动建构意义的帮助者、促进者，其任务是要充分调动学生的积极性，提出科学合理的任务，促使他们自己去获取知识、发展能力，做到能发现问题、提出问题、分析问题、解决问题。如学习Word表格，可以结合学生的生活实践经验来创设生活情境型任务，要求学生制作一个家庭成员简介表格,以"我爱我家"为主题情境展示所制作的表格,这样学生有感而发有情而动,积极自主地探究Word表格技术,很容易就能够掌握其操作方法,有效提高了教学质量。又如,在教学"自选图形"时,教师可设计这样的任务:运用自选图形设计一个机器人。由于学生对机器人很感兴趣,因而学习积极性很高。学生在完成这一任务时,很快就掌握了各种自选图形的使用方法。

5. 分层教学关注个体发展差异

学生的个体差异是客观存在的,为促进全体学生全方位发展,对不同层次的学生进行分层教学可增强每名学生学习信息技术的自信心,让他们体验学习的成功与喜悦,挖掘学生的潜在信息操作能力,有针对性地激励学生个性成长。如在讲授Word中的文字输入法时,教师根据学生的能力分成A、B、C三个等级教学,让等级为A的学生练习基本的文字输入;等级为B的学生,练习键盘上功能键的简单使用,逐步提高打字速度;等级为C的学生,练习键盘上的特殊符号,熟悉智能ABC的输入法,尝试盲打。根据学生之间的差异,逐步熟悉操作,这样既完成了教学任务又做到了因材施教。又如,文件夹整理一课,对接受能力较差的学生要求掌握"编辑"菜单的复制、粘贴命令即可;而对一般能力的学生就可以只要求掌握复制、粘贴命令的快捷键;对操作能力较强的学生可以拓展精通掌握拖拽鼠标等复杂操作。在课堂练习期间,还可以组织操作能力强的学生充当老师的助手,在完成自己的练习任务后,辅助教师巡视辅导操作能力弱的学生,实现全体学生信息能力的全面发展。

总之,教师要转变教学思想、创新教学思维方式,促进专业发展。教育信息化是我国全面实施教育改革、促进教育发展的重要途径,它不断强调改变教学结构、创新教学模式,是基础教育课程改革的重中之重,而改革教学结构、创新教学模式的主要途径就在于教师所实施的教学实践及教师专业化发展。教学实践需要以新的教学思想为指导,教师的专业化发展又亟须教师创新原有的教学思想以提高自身素质。从这个意义上来说,转变教学思想和创新教学思维方式,重新审视现有的教学结构,重新思考对于学生能力与素质的培养目标,是对未来教师的专业化发展的新的要求。

小组合作：培养学生团队互助的品质

信息技术课堂教学的主体是学生，教师应给学生充分的时间进行自主的学习和实践。小组合作是以小组为单位开展学习，完成教师布置教学任务的同时，提升团队互助的品质与合作的意识。

一、小组合作学习使学生的学习能力得到全面发展

小组合作学习是新课程积极倡导的学习方式，也是新课程改革中学习方式变革的一个明显特征，小组合作学习这一教学模式的应用给课堂教学注入了活力，它不仅充分发挥了师生间、生生间的相互交流，协作功能；而且还可以培养学生的合作意识、团队精神，让学生学会倾听，学会表达，学会讨论，学会组织，学会评价。

1. 学会倾听

学会倾听就是学会与人交谈时，克服浮躁之气和轻漫之举，做到认真而仔细地听取别人的发言，不随意打断或插话。合作小组成员必须听懂小组分工的任务，听明白其他同学的发言，同时也要听得了表扬之词，听得进批评之音。为此，在课堂上要求学生学会三听：一是认真听每位同学的发言，眼睛看着对方，要听完整，认真思辨，不插嘴；二是要听他人发言的要点，培养学生收集信息的能力；三是听后需做思考，并做出判断，提出自己的见解，提高学生反思、评价的能力。在这样的要求下训练，引导学生学会反复琢磨、体会，善于倾听同学意见，不随意打断他人的发言，同时提供学生发表不同见解的空间，以达到相互启迪、帮助的目的，学生不但养成了专心听的习惯，调动主动参与的积极性，而且培养了相互尊重的品质，能体会他人的情感，善于控制自己的情绪。俗语说："三人行必有我师。"学会倾听能使我们取长补短，弥补自己考虑问题的不足，也使我们能举一反三，触类旁通。

2. 学会表达

仅仅会听是不够的，每个学生还必须学会表达。语言表达是人与人交往的基础，也是自己实际能力的一项重要指标。合作学习需要每个成员清楚地表达自己的想法，互相了解对方的观点。教师要重点对不会表达的学生有意识地进行示范指导，而全班汇报展示成果时，让更多学生充分表达自己的见解，让别人听懂你的见解，不仅是学优生要会表达、善表达，那些性格内向，不善言辞的学生也要学会表达，整体提高学生的表达能力。为此，教师要调动所有学生的参与积极性，培养学生敢说的勇气，把一些能够容易表达或简单的问题让不爱发言、学习比较困难的学生来回答，并给予他们肯定与鼓励，使学生敢说、会说，培养学生善于倾听、思考、判断、选择和补充他人意见的好习惯，一旦发现问题及时给予指点，使学生逐渐学会用语言准确表达出自己的想法。

3. 学会讨论

讨论交流是合作学习解决问题的关键。每个成员表达了自己的想法后，意见不统一、理解不一致时，就需要通过讨论、争辩，达成共识，解决问题。教师指导时，按一定的步骤和方法进行，让不同层次的学生逐步学会讨论交流问题的技能。合作学习中，学生在独立思考的基础上，再通过共同讨论、相互启发，从而达到合作的目的。学生讨论问题后，各组由一人汇报自学或独立思考的内容，其他成员必须认真听，并且要有自己的补充和见解。最后，还应将各自遇到的问题提供给全组成员讨论，对达成共识和未能解决的问题分别归纳整理，得出正确的结论。通过这样的讨论，可以培养学生的思考、分析、判断和表达能力。

4. 学会组织

小组成员的构成合理，是有效合作的保证。分组应坚持组内异质、组间同质的原则，这样为小组内部互相帮助提供了可能，又为各小组间的公平竞争打下了基础。合作小组成员一般由4～5名学生构成为宜。组内成员依据学生学习能力、兴趣的深广度、思维的敏捷度、语言的表达能力等而定，并进行角色分工，如组长、记录员、检查员等，分工明确、责任到人，而且轮流担任不同角色，实现小组角色互换，防止出现"搭便车"的情况，有利于人尽其才、各尽所能、同伴互助、优势互补、共同提高。合作讨论的成败与否，很大程度上取决于小组内的组织者，具体做法是：指导组织者进行组内分工、归纳组内意见、对他人进行评价等，另外，为了体现小组内的主体性，可定期培训、及时更换组织者。通过训练不但提高了合作学习的效率，而且为学生今后立足于社会打下了坚实的基础。

5. 学会评价

对小组合作学习进行科学的评价是非常重要的。良好的评价机制，能激发学生的合作兴趣，也能使合作学习更为有效地开展下去。课堂合作式教学为培养学生对学习成果的鉴赏、评价能力创造了机会。合作学习活动中评价不只是教师对学生做出的简单评价，其中包括学生之间的相互评价、学生的自我评价和学生对教师的评价等。教师既要引导学生对学习结果进行评价，也要对学习过程进行评价；既要对知识掌握情况进行评价，也要对每个同学的情感表现进行评价。评价方式可以是对书面作业的互批、互改，口头发言的互议、互论，作品表演的互视、互赏。评价的对象可以是自评、他评、互评。这有利于提高学生对学习成果的鉴赏能力、对问题正误的辨析能力，激励学生间展开对知识学习的公平竞争。

在教学中采用小组合作学习的方式，形成了师生、生生之间的全方位、多层次、多角度的交流模式，使小组中每个人都有机会发表自己的观点与看法，也乐于倾听他人的意见，使学生感受到学习是一件愉快的事情，从而满足了学生的心理需要，促进学生智力因素和非智力因素的和谐发展，最终达成使学生爱学、会学、乐学的目标，进而有效地提高教学质量，使学生的学习能力得到全面的发展。

二、如何有效组织小组合作学习

1. 改进课堂教学方式

传统的课堂教学是教师讲，学生听这一单向的传输方式，而小组合作学习是一种师生互动、生生互动、生本互动的多维交流的过程。

2. 营造良好的课堂合作氛围

在合作学习活动中，教师与学生之间是平等的，而不是服从与被服从的关系。教育家陶行知先生曾明确指出："创造力最能发挥的条件是民主。当然在不民主的环境下，创造力也有表现，那仅是限于少数，而且不能充分发挥其天才，但如果要大量开发人之创造力，只有民主才能办到，只有民主的目的、民主的方法才能完成这样的大事。"教师应发扬民主精神，在分析问题、讨论问题中积极鼓励学生大胆质疑，提看法，使学生在合作学习中觉得轻松，这样才有利于学生在课堂上大胆提出问题，畅所欲言，集思广益，逐步形成宽松民主的课堂氛围，为学生之间、师生之间成功合作学习创设良好的教学环境。

合作学习是新课改所倡导的一种新的学习方式，在促进学生间的情感交流、互帮互学、共同提高，发挥学生学习的主动性方面起着积极的作用。作为教师，我们要把学生当成主人，充分发挥教师的主导作用，把握最佳时机，组织引导学生开展小组合作学习，让小组合作学习更有成效。

3. 把握小组合作的时机

小组合作学习不是为了追求课堂教学形式的热闹。课堂教学时间是有限的，因此教师一定要科学把握小组合作的时机。在教学过程中，以下时间可以采取合作学习方式：

（1）在进行比较、归纳、择优时开展小组合作学习。

（2）在学生思维受阻时开展小组合作学习。

（3）在进行主题教学时开展小组合作学习，让学生在活动中学会分工负责，团结协作，培养他们的集体意识和互助意识。

（4）在进行概念辨析时开展小组合作学习。

4. 明确目标、分工合作

为使每一位学生都参与学习活动，积极交流、探求，充分发挥集体的互动互补作用，使学生在共同探讨、合作学习中以点带面，以优促差，共同提高。教师给小组适当命名，其宗旨是"互助、协作、竞争、发展"。各小组从组长到每位组员都分配具体任务，但这并不就是合作学习，要切实地使全员参与到学习中来，关键还在于教师的组织和引导。小组长的组织作用至关重要，可以每周进行一次组长培训，每次确定一个培训主题，如怎样树立自己的威信、怎样组织讨论、如何帮助学习有困难的学生、指挥的技巧等，有时也可以根据教学内容及实际情况及时调整，解决在讨论及实践中出现的问题。对于全体学生，也要教会他们合作学习的步骤与方法，教会他们如何发言、如何讨论、如何分工等。

要明确每节课的教学目标和小组合作目标。小组目标要明确具体，并依据学生实际。首先要准确把握课程标准，并根据学校和学生实际把课程标准具体化，变成学校的标准，这样才能把课程标准落到实处。此外，还要清楚让学生学什么、学多少、学到什么程度，只有这样，教学才具有可操作性和可检测性。

5. 设计具有阶梯性和挑战性的问题

问题是学习的动因，贯穿于学习的始终。合作学习总是围绕某些问题来进行的，因而要精心设计讨论的问题，明确合作学习的任务，使学生的合作学习具有方向感、责任感。问题的设计要具有阶梯性，还要有一定的挑战性，这样有利于激发学生的主动性与小组学习活动的激情，发挥学习共同体的创造性。问题可以由教师提出，但是学生自己提出的问题会更切合合作探究的需求，教师要善于发现学生提出的有价值的问题，通过合作学习讨论解决这些问题，这才是有效的合作学习。

6. 提高学生自主性学习的质量

教师往往在布置完班级学习任务后，就直接引导学生进入小组的讨论交流环节。学生虽然在小组中进行学习，但其心中的学习目标指向的是班级目标，而非小组目标和个人目标。每个学生所要完成的学习任务，也是班级中所有学生都要完成的无差别的任务，而非小组任务或个人任务。这就无法激发学生在小组内进行相互合作学习的动机，也无法顾及学生的个体差异。教师不仅要让学生知道在某一堂课上自己的学习任务是什么，还要让学生了解自己的特长和不足，让学生知道自己在小组合作学习时担任什么角色最利于自己及小组学习目标的达成。

7. 对学生合作做出合理评价

为了进一步提高学生的集体观念，激励学生的合作兴趣和意识，保证小组合作学习取得理想的效果，使学生在小组集体中不仅个人努力上进，并且乐于与同学互相合作的良性机制的形成，就必须改变过去单纯鼓励个人竞争的做法和相应的评价方式，鼓励小组成员之间互相合作。在教学过程中对于课堂上设计的活动，尽可能地让每组的学困生先说说自己的想法，然后让其他成员进行独具个性的发言，最后由组长进行小结。还有就是相对较容易的问题由学习成绩稍差的学生回答，难度大的由学优生回答；对于中等问题学习成绩稍差的学生答对加高分，学优生答对加低分；也可由科代表根据题的难易程度抽号回答。为了避免出现课改初期学优生抢答，学困生不敢答的情况，教师可以在组内确定每人每天的展示次数，同一个人多次展示时，少加分或不加分，其他人展示多加分，这样就能有效规避每组每次都是相同学生展示的弊病。当学生的合作学习活动结束时，教师应根据自己对合作学习的监控情况和合作学习小组对合作学习的反馈情况（包括口头的反馈和书面的反馈）采取一定的措施，对学生的合作学习进行评价。评价要以激励为主，强化学生有效的合作学习行为，促使学生今后更加有效地合作学习。评价要以小组评价为主，评价合作学习小组的学习质量和数量、合作过程和效果，并对有效合作、成功合作的小组进行表扬和奖励。将每一个小组成员的表现同合作学习小组的成绩紧密地联系在一起，使学生形成"组荣我荣"的观念，从而认识到相互合作、共同进步的意义。对合作学习的评价，也要适当关注小组成员。

总之，合作学习是新课改倡导的一种新的学习方式，有利于培养学生的合作精神和创新能力，提高学生学习的主动参与意识，促进学生全面和谐的发展，能够游刃有余地运用合作学习方式，开展有效的合作学习，还需要一个长期的不断的探索实践过程。

三、小组合作学习中的常见问题及其对策

在实际的教学活动中，由于一些教师缺乏对合作学习精神实质的正确把握，表面化、形式化地理解其意义，在教学实践中出现了一些偏差，影响了这种学习品质的提升。以下介绍几种常见问题及其相应对策：

（1）小组成员间缺乏必要的人际交流和小组合作技能，不具备合作的心向和倾向性，学生本能地不知道怎样与他人进行有效的互动。有的小组一看就知是在公开课、研讨课时临时组织在一起的，缺乏必要的训练。当问题出现时，学生之间不能做到相互了解对方，信任对方，不能清晰正确地交流；当产生不同意见时，不能建设性地解决矛盾冲突。

基本对策： 应该全面完整地理解合作学习的意义，正确把握小组合作学习的精神实质。小组合作学习是指学生在小组或团体中为了完成共同的任务，有明确的责任分工的互助性学习。合作学习有助于培养学生的合作精神、团队意识和集体观念，有助于培养学生正确的竞争意识和能力，同时通过小组成员间的互动和帮助，实现每个学生都得到发展的目标。但是，应明确，这只是有效学习方式中的一种，根据教学目标、教学内容等合理选择教学行为和学习方式，实现方法方式的多样化是非常重要的，要避免"将所有的鸡蛋放入合作学习之篮"。

（2）小组合作学习前，教师缺乏必要的讲述，由于遇到问题临时实施小组合作学习或任务布置过于简单，学生没有明确合作学习的目的、步骤，问题本身也无法吸引学生的注意力，学生不理解将学习什么，怎样学习；同样由于缺乏必要的讲述，无法帮助学生迅速、准确地把未知信息与已有的认知经验联系起来，无法选择最佳的学习起点，尽快地找到解决问题的策略。

基本对策： 要有一定的准备。小组合作学习成员一般控制在4~6人，由于是一个小集体，因此在开展合作学习前必须要有一定的社会技能，也就是说要有一定准备和必要的训练。比如，教师要告诉学生合作学习的目的是什么，它为什么是有用的，它是如何展开的，教师对他们的期望是什么？教给学生必需

的合作技能，如尊重对方，理解对方，善于倾听对方；不同见解，要等对方说完，再补充或提出反对意见；对对方的精彩见解和独特观点，要进行表扬、鼓励，达到相互支持的目的；碰到困难和分歧较大之处，要心平气和，学会反思，建设性地解决问题。当然，这一些良好的习惯和品质，是不可能一朝一夕习得的，要有意识地进行长期培养。

（3）一些教师为了让学生广泛地参与，一有问题，不管合适与否，难易如何，都要学生合作讨论，似乎只有让学生合作讨论，才能解决问题，造成学习效果达不到预期目标。由于受单一方式方法的刺激，学生逐渐感到厌倦。一些没有思维容量的问题充斥其中，学生没有参与讨论的兴趣，教学时间大量浪费，教学效率事倍功半。

基本对策：在小组合作前，教师要做适当的讲述。讲述的目的主要有：吸引学生的注意力；告诉学生他们会学习什么，他们必须掌握什么；将新信息与学生已有知识经验联系起来，为学生尽快地找到解决问题的切入口提供必要的帮助。为了保证讲述的有效性，教师应以循序渐进的方式来呈现信息，一般情况下教师讲述的量要适当，不宜太多或太少，抓住学生在学习中需要记住或使用的重要内容来讲。为了提高效率和缩短宝贵的时间，可采用例子或图例来增加讲述的清晰度，必要时在讲述结束前可向学生提问以确保他们理解了讲述的内容。

（4）问题一出现，一些教师不引导学生认真读书，深入思考，就组织小组讨论。学生没有经过深思熟虑，匆忙展开讨论，要么坐享其成，要么人云亦云，盲目跟从，对小组内的不同见解根本无法提出真正意义上的赞同或反对，也无法做到吸取有效的成分修正自我观点。这样的合作学习不但解决不了疑难，反而在无意中剥夺了学生独立思考、自主学习的机会，有悖于合作学习之真谛。

基本对策：要重视学生独立思考能力在小组学习中的作用。一般情况下，合作学习旨在通过小组讨论，互相启发，达到优势互补，解决个体无法解决的疑难的目的。但是合作学习必须建立在独立学习的基础上。学生要参与讨论、参与探究，必须要有自己的见解和前认知能力作为基础，而个体的独立思考是无法由他人或小组来替代的。只有在学生思考到达一定的程度时展开讨论，才有可能出现一点即通、恍然大悟的效果；也只有在此时展开讨论，才有可能出现观点的针锋相对和正面交锋。因此教师在组织学生参与讨论或探索之前，一定要留给学生一定的独立学习思考的时间。

（5）学优生在小组中处于主宰地位，承担了主要的职责，学困生则处于从属或被忽略的地位。在合作学习时，学优生往往具备了合作交流的某些条件和要求，成为小组内活跃的一分子，他们的潜能得到了发挥，个性得到了张扬。而一些学困生因为基础薄弱，参与性、主动性欠缺，思维的敏捷性、深刻性稍逊，往往总是落后优等生半步，无形中失去了思考、发言、表现的机会，在一定程度上被变相剥夺了学习的权力。

基本对策：要正确处理异质学生间的关系。一般情况下，小组合作学习采用异质性混合小组为多。在组成小组时，一些学优生出于小组荣誉的考虑，会拒绝或排斥学困生，此时教师要做耐心细致的工作，并要激发其相互帮助的意识。在学习过程中，学优生凭借其优良的素质，很有可能在小组中扮演着核心人物，主宰着整个小组。为了不使学困生变得更加胆小怯懦，避免学困生被动参与学习的情况，教师应在教学过程中给予其更多的关心和鼓励，建立起"能行"的积极期望，提高学生的自信心和自尊心。同时应尽量发现这些学生的长处，并加以发挥，以扬长避短，建立自信，从而能主动参与，积极发言，毫不胆怯地提出自己的想法和疑问。教师对学优生要进行适当的教育，鼓励他们对学困生提供帮助，与其他学生形成友好合作的关系，从而使自己的举止更为得体，更能尊重他人，更具有分享精神，并在分享中体现自身的价值。

（6）课堂秩序混乱，学生发言七嘴八舌，听不清究竟谁的思维不严谨，谁的思维缺乏条理性。教师对小组学习缺乏必要的计划、调控等组织技能。当学生和小组面临问题时，教师无法对一些问题进行辨别、分析并对学生们进行帮助。

基本对策：作为合作学习的组织者和促进者，在实施这种学习方式时，要掌握一定的技巧，做一个成功的引导者、促进者。如具备对异质性小组进行调控、促进等组织技能，及时地诊断与处理问题。当学生和小组面临问题时，能进行辨别、分析，并对学生进行帮助，对学生学习进行有效的调控和促进。通过新课导言的设计，问题情境的创设，来唤起学生的学习兴趣和欲望，使学生产生合作学习的冲动和愿望。在合作学习中，要巧妙地把对学生个人和小组行为的期望传递给学生，从而激活学生的互动技能和社会技能。在合作学习中，要尽量多走动和观察、倾听，必要时可进行干预。教给学生一些探索、发现的方法，让学生会探索，会发现，不断引发学生思维的碰撞，把学生的探索引向深处。

总之，小组合作学习的良好品质不是一朝一夕就能形成的，要通过不断地指导，长期的熏陶，通过相互探讨，不断反思、校正，才能逐步走向成熟。

任务驱动法：构建学生自驱力

任务驱动是一种建立在建构主义教学理论基础上的教学方法，适合探究式教学模式，适用于培养学生的自学能力和相对独立地分析问题、解决问题的能力。建构主义学习理论认为，知识不是通过教师传授得到的，而是学习者在一定的情境（社会文化背景）下，借助他人（包括教师和学习伙伴）的帮助，利用必要的学习资料，通过意义建构方式获得的。建构既是对新知识意义的建构，同时又包含对原有经验的改造和重组。信息技术课是一门集知识和技能于一体、实践性很强的课程，要求学生既要学好理论知识，又要掌握实际操作技能。同时信息技术课内容更新换代很快，要求学生具有自主学习的能力和终身学习的思想。用建构主义学习理论来指导信息技术课程的教学，会发现任务驱动教学法很适合这一课程的教学。

一、任务驱动法教学过程示例

任务驱动教学法要求在教学过程中，以完成一个个具体的任务为线索，把教学内容巧妙地隐含在每个任务之中，让学生自己提出问题，并经过思考和教师的点拨，自己解决问题。在完成任务的同时，学生培养了创新意识、创新能力及自主学习的习惯，学会了如何去发现问题、思考问题、寻找解决问题的方法。具体教学过程举例如下：

1. 精心设计任务

在教学过程中，把教材中的每一章设计一个大任务，再将大任务分为若干小任务，每一节又由一个或几个小任务组成。

例如，学习"中文Word的功能和使用"一章时，要求每一位学生编制一份精美的班级小报。此任务中隐含着本章的几个知识点：

（1）Word的基本概念、建立编辑文档。

（2）设置字体，字号，段落排版。

（3）页面设置及文档的打印。

（4）Word的图形功能。

（5）Word的表格功能。

既要把这五个知识点隐含在五个小任务中，每一节课完成一个小任务，又要把一节课的小任务分成更小的几个任务。

如第一节课的任务是按要求对现有文档进行修改。要求中隐含着三个知识点：

（1）Word的基本概念。

（2）文档的建立、打开与关闭。

（3）编辑文档。

这三个知识点分别设计在三个小的任务中。每一个任务的确立都要根据学生现有知识水平、教学内容的统筹安排而定。

2. 分析任务并提出问题

每一个任务中都包含着新旧知识，学生接受任务后首先思考如何去完成任务，在完成任务的过程中将会遇到哪些不能解决的问题。学生自己提出的问题，也是他们想要知道的知识点，此时教师再将新知识传授给他们，这就调动了学生主动求知的欲望。

例如，讲Excel电子表格时，要求学生完成一份漂亮的全班学生期中考试成绩汇总表。教师在给出任务后不要急于讲解，而是让学生讨论、分析任务，提问完成任务需要做哪些事情。这时应该是课堂气氛最活跃的时候。提出的问题，一些是学生之前已学过的，如数据的输入、格式设置等，这些问题学生自己就能给出解决方案；另一些是没有学习过的，如函数的使用、页面设置等，即隐含在任务中的新知识点，这也正是这个任务所要解决的问题。

3. 及时讲授新知识

问题提出后，就需要开始寻求解决问题的方法了，老问题学生自己解决，新问题要通过师生的共同探索解决。每次授课的时间不超过3～10分钟，然后让学生动手进行一个与刚才授课内容有关的练习或活动（完成一个小任务）。学生们听了一段课刚要开始走神，思路立刻又被这一活动拉了回来。活动（任务）结束，接着刚才的兴奋劲儿，下一部分的授课又开始了。这样，学生的思路始终跟着教师的授课内容，他们在动手的过程中及时强化了所学的知识，完成任务时又获得一种成就感。

二、任务驱动教学需要注意的问题

1. 把好任务设计关

在信息技术课的教学中，任务直接影响教学效果，因此，任务设计、编排非常关键。

（1）任务设计要有明确的目标，要求教师在学习总体目标的框架上，把总目标细分成一个个的小目标，并把每一个学习模块的内容细化为一个个容易掌握的任务，通过这些小任务完成来达成总的学习目标。

（2）任务设计要符合学生特点。不同学生接受知识的能力往往会有很大的差异。教师在进行任务设计时，要从学生实际出发，充分考虑学生现有的文化知识、认知能力、年龄、兴趣等特点，做到因材施教。

（3）任务设计要注意分散重点、难点。掌握信息技术知识和技能是一个逐步积累的过程，任务设计时要考虑任务的大小、知识点的含量、前后的联系等多方面的因素。

（4）以布置任务的方式引入有关概念，展开教学内容。在传统的教法中，引入有关概念时，往往是按"提出概念—解释概念—举例说明"的顺序进行。在信息技术课教学中引入新概念、新知识时，应以学生的认知规律为依据，以"布置任务—介绍完成任务的方法—归纳结论"的顺序引入有关概念，展开教学。

2. 教师必须进行角色转换

任务驱动教学法已经形成了"以任务为主线、教师为主导、学生为主体"的基本特征，因此教师必须进行角色转换。

角色转换有两重含义：一是从讲授、灌输转变为组织、引导，二是从讲台上讲解转变为走到学生中间与学生交流、讨论，共同学习。

任务驱动教学模式要求教师必须明确自己所担当的角色，认识到学生的知识不是靠教师的灌输被动接受的，而是在教师的指导下，由学生主动建构起来的。在整个教学过程中，教师不是可有可无、无事可做的，而是比传统教学中的作用更加重要、更加不可缺少。因此，不能认为只有站在讲台上讲课才是教师的本分。在任务驱动教学模式中，教师要充分地了解学生。在学生学习遇到困难时，教师应该为学生搭起支架；在学生学习不够主动时，给学生提出问题，引导学生去探究；在学生完成基本任务后，调动学生的创作欲望，进一步完善创作任务；在任务完成后及时做好评价工作。

3. 提供必要的实践条件

信息技术课是一门实践性很强的课程。"百看不如一练"，学生亲自上机动手实践远比听教师讲、看教师示范有效得多。通常，教师对知识进行讲解、演示后，关键的一步就是让学生动手实践，让学生在实践中把握真知、掌握方法。理想的教学环境是在一人一机的电子教室或多媒体教室上课。

信息技术课程在我国开设历史不长，很多学校才刚刚起步，没有现成的方法和模式，而任务驱动教学法是当今学校普遍采用的教学方法，值得教师深入探究。

游戏教学法：玩中学，学中玩

游戏教学法是游戏和教学二者巧妙的结合体，即采用游戏的方式进行教学，可以让学生在游戏中学习，获得知识。这种方法经常用于小学课堂，而计算机课程的特殊性，更加促进了游戏法在小学信息技术课中的应用。教师引导学生，进行游戏的练习，可以激发学生的学习兴趣，使学生在游戏中高效率的完成教学任务。依据学生爱玩的特点，指导学生在学中玩，在玩中学，激发学习计算机的兴趣。

在教学过程中，为了避免枯燥、抽象的理论知识影响学生兴趣，教师可以把要学的知识设计成游戏，让学生在玩中学到知识。如教Logo语言的绘图功能时，可以先绘一些基本图形，然后让学生与计算机一起搭积木，用这些基本图形组成一些美丽的图案，让学生在玩中掌握知识的同时获得成就感，培养审美能力。这种教学方法可以让学生充分感受到课堂的趣味性，意识到自己在课堂教学中的分量，有主人公的意识，敢于参与，勇于表现，慢慢地把"学计算机"变成"玩计算机"。

运用游戏教学法的目的在于通过对这些游戏软件的操作，激发学生对计算机课程知识的学习兴趣和求知欲望，提高学生的计算机操作技能和技巧；帮助学生消化知识、加深理解、强化记忆，提高他们的素质和能力；培养学生勇于创新的精神等。

一、小学信息技术游戏教学法的运作

游戏教学可分为利用现有游戏和学生自创游戏两种类型。

1. 利用现有游戏教学

（1）情境游戏教学策略。情境游戏教学就是利用现有情境游戏进行信息技术知识的教学。教学中，教师有目的地把学生引入事先设定的游戏场景，让他们竖起耳朵倾听，放开手脚感受，在游戏化的教学过程中，轻松自然地获取、理解、掌握、巩固信息技术知识。本教学方式运作的关键在于根据教学内容要求选择情境游戏与在游戏过程中传授信息技术知识。本教法适用于信息技术基础知识传授的教学。

（2）试验游戏教学策略。试验游戏教学就是教师先演示教材上面的内容，让学生们先观察信息技术课堂中生动形象的动画与演示，再结合课本材料来做试验，以此培养信息的获取、辨别、处理的能力，培养信息技术意识与敏锐的观察力。在学习"画图"软件时，有的学生进入"画图"界面后找不到"工具箱"或"颜料盒"，在讲解这一知识点时，教师就可以采取"变魔术"的方式。先快速打开"查看"菜单，将"工具箱"隐藏起来，然后请学生观察"什么不见了？""你能把它变出来吗？"。通过"变魔术"，让学生先观察然后自己动手实验，学生很快就能掌握这一知识点，并在操作中发现了"查看"菜单里的"小秘密"，同样，通过这种方法可以"变出"很多软件的工具栏。如同学们通过这种方法对Office软件的菜单能自如地隐藏和显示。作为教师，"授人以鱼，不如授人以渔"的教育观念对学生更为重要。本教法适用于信息技术技能训练阶段。

（3）趣味游戏教学策略。趣味游戏教学使用时以娱乐性游戏软件为主，应用性软件尽量少用。学生在学习鼠标操作后，就可以运行系统自带的小游戏（如"纸牌""扫雷"等）及网上一些既简单又有趣的鼠标游戏（如"打飞机""拼图""射击"等）。这些游戏的画面鲜艳，生动有趣，每一个游戏都能帮助学生练习计算机的一种基本操作。指法操作练习可以先让学生玩"金山打字通"等打字软件中的打字游戏，他们看到屏幕上不断跳出的英文字母，就快速地在键盘上寻找，努力使自己的输入准确率和速度提高。如果打错字母或速度跟不上，电脑会鼓励学生"努力""加加油"；如果正确率高，成绩突出，电脑又会夸奖学生"你真行""好棒啊"等激发学生学习的兴趣，强化内心体验。经过一段时间的指法练习后，再组织学生玩"吃苹果""警察与小偷"等指法游戏，利用这些游戏进一步激发学生练习指法的兴趣和热情，在游戏中提高指法的准确度。本教法适用于信息技术知识巩固阶段。

（4）竞赛游戏教学策略。以比赛游戏的方式进行教学。能够使学生已学的信息技术知识得到进一步巩固，上机操作的能力得到提高，同时还能有效地培养动作和思维的快速、敏捷、团队精神和竞争意识。在课堂教学中，小组或个人之间的竞赛，是最常用的竞赛方式。我们可以举行一些竞赛，如"指法输入比赛""中文输入比赛""绘图比赛""优秀电子报刊展示"等。通过这一系列的竞赛活动，激发学生的学习兴趣，有助于提高他们的电脑操作水平。也可把学生的作品放在校园网上展示，一段时间后，组织评比、总结、反馈，对好的作品予以表扬。展示学生的作品（包括展示其操作过程与最终成果），对于被展示者来说是一种鼓励，对于其他学生来说是树立一个追赶的目标，是一种鞭策。本教法适用于对信息技术知识掌握后的提高阶段。

2. 学生自创游戏教学

自创游戏的教学能够进一步培养学生们的创新精神、合作精神、动手能力，同时也会使他们加深对信息技术的理解。这种方法的使用范围以教材要求学生必须掌握的软件为主，娱乐性的游戏软件为辅。活动的内容要符合小学生的年龄特点和实际需要，让他们自己进入角色，自己设计、创新。例如，画图软件，学生用它来设计贺卡，送给他人；Word文字处理，学生可用它写作文、记日记、写通知、制课程表、写信；PowerPoint，学生可用它来制作班级通讯录和自己的个人相册；媒体播放器，学生可利用它播放自己喜欢的乐曲和电影……这样，学生在课堂上所进行游戏和学习的内容都是与他们的生活息息相关的，都是日常生活中能用到的，学生学起来就会有兴趣，乐于学。

二、小学信息技术游戏教学法的应用

1. 游戏中导入新课

小学生年龄小，自主学习与接受能力都比较弱，而且长时间学习容易疲劳。根据小学生的生理特点和心理特点，调查表明：他们的注意力大约经过10～15分钟后，大脑会出现阶段性疲劳，进入思维的低谷状态。而传统的教学方法让学生感到上信息技术课只是一种任务，教师说一步，学生做一步，授课方式单一，对大多数学生来说显得比较枯燥乏味。如果有一节课，在刚开始教学引入时，教师能出示与教学内容相关的游戏，就能一下子吸引学生的注意力，从而对整节课的教学起到一个很好的铺垫作用。

如《图像的复制》，在新课导入时，教师可利用做好的动画进行：森林中，新开了一家餐馆，这不正放着鞭炮呢。听到鞭炮声，小动物们都来了，排起了长长的队！这下可把厨师给忙坏了，小朋友们你能帮帮他吗？让学生们充当热心的帮助者，开始游戏，在游戏的过程中遇到问题，要学会分析、解决问题，营造学习环境，激发学习欲望。

由此可见，游戏教学法比传统的教学方法更能引起学生的兴趣，调动学生学习的积极性。

2. 游戏中教授新知

在信息技术课堂教学中，有许多的操作，教师往往采用教师演示，学生模仿的方式，有一些比较复杂的步骤，没有顾及基础差的学生，一律示范操作。最后的结果是需要花更多的时间去给基础差的学生一个个重新讲解。如此辛苦下来，虽然大部分学生已经掌握本节课的内容，但长期采用此种方法，不但教师辛苦，也会引起学生的反感。

例如，教学三年级鼠标的拖动、点击时，可以借助一些Flash小游戏，如"涂色游戏""拼图游戏""换装游戏""连连看游戏"等。学生为了玩好游戏，会努力去探索发现。学生之间还可以进行竞赛，看谁能在最短时间内完成游戏。学生在玩的过程中，在享受乐趣的过程中，自然地掌握并且熟练了鼠标的操作。

例如，在教学指法练习时，学生既要保证指法正确，又要按规定的姿势使用手指，再加上枯燥乏味的理论知识如键盘字母排列、键盘功能等又要求学生熟记硬背，不仅学生学起来提不起精神，教师教起来也感觉很费劲。这时，可使用金山打字通中的"青蛙过河""接苹果""太空大战""警察抓小偷"等几款小游戏。在游戏的过程中，学生看到屏幕上不断跳出的字母，就会快速地在键盘上寻找，努力提高自己的输入准确率和速度。而电脑游戏就是学生的知心朋友，当他们完成得不理想时就会安慰他们"努力呀""加油哦"；当学生速度快，正确率高了，就会送上"好样的""太棒了"等话语，极大地激发了学生学习的兴趣。

3. 游戏中巩固提高

信息技术课中，掌握操作技能是主要任务。但学生只会操作，没有一定的理论知识和信息素养，这是信息技术教育的失败。理论知识的教学是信息技术课的难题，传统的方法是教师讲解并让学生勾画出要点背诵。这种枯燥的被动记忆法有一时的成效，但不被学生接受。尤其是小学生，其他学科已经让他们感觉学习任务比较繁重，信息技术课又有背诵的任务，他们认为是不合理的。往往只有个别学生会在课外完成这种纯记忆的任务。对此，我们可以借鉴一些大型的网络游戏，如"三国"系列游戏，它需要玩家了解三国知识。我们可以把知识点制作成Flash小游戏，在游戏中必须知道有关的理论知识，才能玩好游戏。学生便会主动去了解学习这些知识，来完成游戏。

三、小学信息技术游戏教学法操作注意事项

1. 选用游戏的标准

（1）应符合教材要求。

（2）注重思想性、娱乐性、趣味性。

（3）适合小学生的操作水平。

（4）注重知识能力的培养。

2. 应遵循的原则

（1）纪律性原则。游戏是为教学服务的，而良好的纪律是有效教学的重要保证。因此，在游戏开始前，就强调一定要遵守纪律，并明确游戏规则，养成有令即行，有禁即止的良好习惯。

（2）目的性原则。在玩的时候要注意游戏必须为教学服务，教师心中一定要有明确的训练目的，不能纯粹追求课堂的活跃，为游戏而游戏。

（3）参与性原则。参与性原则就是让全体学生"动"起来，承担游戏中的某一个角色。

（4）趣味性原则。选择适合小学生年龄特点的趣味性强的游戏。

（5）灵活性原则。灵活性原则就是指在教学中要注意适时、适度开展游戏活动，在游戏中要注意课堂气氛和课堂节奏的调整和把握，要灵活处理教材内容与游戏之间的关系，不要形成就游戏而游戏的局面。在操作时，可安排一些针对性强的游戏；在复习时，可开展一些综合性的游戏活动等。

3. 游戏教学激励机制的设置

（1）入门阶段要简单。

（2）学生在熟悉游戏和对原有知识内容复习的基础上，可以进行下一步的游戏。

（3）当学生对游戏的熟悉程度和知识的理解情况达到一定的水平之后，就要为其提供一个交流的平台，使之能够在游戏的过程中与其他的同学进行交流，通过合作与竞争得到其他同学的认可。

（4）教学中可以采用比赛的形式帮助学生进一步巩固知识。每次比赛结束后，都应该表彰获胜者，以进一步激发学生的学习兴趣。

4. 教育教学与游戏的结合需要思考的问题

（1）选材应体现教学的需要。

（2）科学性与虚拟性要把握得当。

（3）游戏性与教育性有机结合。

四、游戏教学法在教学中应注意的问题

1. 安排的游戏要适当、适度、适实

游戏是为教学服务的，必须与教学密切相关。设计游戏时，要充分考虑教学的实际需要，不是所有的内容都适宜通过游戏实现教学目的的。要根据教学内容、学生的特点、教学媒体等实际需要来选择游戏，把游戏融入教学活动中。

2. 选择的游戏要讲究多样性、趣味性

俗话说："把戏不可久玩。"这就要求教师做到不断地设计新颖多样的游戏活动和更新游戏活动的做法。

3. 保持课程的严肃性

游戏课程是严肃的。游戏的趣味性容易使学生陷入其中而忘却学习任务，教师必须积极地监督游戏过程，合理地安排游戏进程，根据课程实施的需要启动或停止游戏或转入其他的学习形式，而不能让游戏的娱乐性掩盖课程的严肃性。

4. 要及时给予小结评价

除了正确引导学生进行游戏的练习，开展适宜的游戏的竞赛外，游戏结束时，还应给予正确的评价：评出胜负，表扬先进，指出不足，及改正意见，这些工作也可由学生整体评议，但不管如何，应做到准确、公正、客观、全面。工作做得好坏，将直接影响学生的情绪和游戏的效果。

游戏是一双刃剑，既有其危害之处，但若能正确引导，又能成为青少年学习信息技术的一个很好的途径和方法。因此，利用游戏教学法，重在引导，而不是全盘否定。任何新事物都有其发展的阶段，而作为计算机出现带动的计算机游戏则是现今青少年最热衷参与的活动之一。教师利用游戏的无意注意的特征，可以减轻学生的学习负担，将艰深的技术要领化为容易接受的游戏动作，这样做，学生便乐于学习、喜爱学习了。同时，利用游戏教学法，可以拉近师生之间的距离，为本来沉闷的课堂教学带来活力。

总之，游戏是为教学服务的，必须与教学内容密切相关。教师在设计游戏时，要充分考虑本课的教学重、难点和其他教学要求，围绕教学目的来设计游戏。这样游戏的目的十分明确，不是为做游戏而做游戏。

情境教学法：增强学生学习氛围

情境教学，指在教学过程中为了达到既定的教学目标，从教学需要出发，引入、制造或创设与教学内容相适应的具体场景或氛围，引起学生的情感体验，从而激发学生学习的积极性、主动性。情境教学是当前教师常用的教学方法，是提高课堂教学有效性的课堂教学利器之一。情境教学形式多样，内容、题材广泛，可灵活应用于信息技术课程的任一教学环节中。情境教学法能激发学生兴趣，引导学生进入课程学习，开发学生的创新思维，使其更能主动地参与教师组织的活动，促进教学互动，提高课堂学习气氛和效率。

学生是学习的主体，知识获得的方法是学生去发现，教师的任务是为学生获得知识创设情境，引导和帮助学生通过意义建构获得知识，让学生在意义建构的过程中进行创造。信息技术学科具有较强的操作性、实践性、应用性、极富创造性和明显的时代发展特性，信息技术教师应充分认识到这一点，并在信息技术教学过程中多方面地为学生营造利于学生自主学习的学习情境，让学生在各种学习情境下积极、主动地建构自己的知识体系。

一、创设愉悦情境

"知之者不如好之者，好之者不如乐之者。"只有让学生"乐之"，学习效果才会明显。"人以物思，辞以情发"，情从何来？乐从何生？这就要求在教学过程中，教师要为学生创设一种愉悦的学习情境，让学生乐学。

例如，在讲解《声音信息能录制》这部分内容时，教师可以首先为学生播放一段事先录制好的声音。录制内容可以是："同学们，你能听出我是谁吗？对了，我就是你们的老师啊！你想知道老师的声音是怎样跑到计算机里面去的吗？"听到计算机里面传出了老师的声音，学生的学习兴趣一下子提高了。于是，在学生迫不及待的学习状态下引入这节课的教学内容，学生们就会饶有兴趣地进行学习。学习过程充满了乐趣，教学也会收到良好的效果。这样比教师照本宣科地一味讲解，效果要好得多。

创设愉悦情境的方法还有很多，比如，在教学过程中，设计一些学生喜闻乐见的小游戏、动画卡通形象等。我们的目的就是把学生的积极性调动起来，让学生对所学内容感兴趣，愉快地学习。这就是所谓的创设愉悦情境。

二、创设美感情境

美感是人类接触到美的事物时所引起的一种冲动，是一种赏心悦目的心理状态。对学习而言，这种由美感而引发的冲动、注意、情感、兴趣，能最大限度地激发学生的学习动机、学习热情和求知欲望，丰富学生的想象，成为推动学生积极思维的驱动力。在信息技术教学中，美也是无处不在的。在教学中，如果注意创造机会，捕捉契机，带领学生去发现美、欣赏美，那么不仅对学生审美能力的培养和提高大有帮助，同时也能以美启真，以美导善。

例如，在讲解"图像编辑的艺术"时，教师可以搜集一些美丽的风景图片，然后运用"我形我速"的图像处理技术制作另一些虚拟空间的风景图片，在课上一同展示，并进行对比，使学生在其中欣赏自然之美、品味超现实创意之美。使学生在美的享受中，陶冶性情，解放心灵，感受到信息技术不是一个神秘的难以接近的"家伙"，利用人机之间可以捕捉的情愫，学生和信息技术的距离拉近了，学习兴趣更浓了。

人类自从有了语言就有了歌唱。几千年来，知识通过歌唱和吟诵的方式代代流传，说明音乐可以帮助人们记忆。在信息技术的课堂教学中，教师一味地讲解将使学生感到枯燥和乏味，而适时地穿插播放些音乐，不仅可以创设优美的教学情境，引起学生共鸣，而且有助于学生更好地完成作品。

教学中借助音乐调动情感，让师生都感到一种美的享受。在学生进行比较机械不需太多脑力思考的操作练习时，我们也不妨播放一些世界名曲或轻柔的背景音乐，一方面可以培养学生的欣赏能力，另一方面还有助于安抚某些学生急躁的情绪，以便收到更好的教学效果。

三、创设"向往"情境

向往是人们追求目标的一种心理。创设情境，让学生在情境中体验到这种追求的需要，进而就能水到渠成地激发他们的求知欲望。

例如，在讲解完成"图像处理"大部分内容后，教师可以安排一节综合练习课"畅想未来"，要求学生应用所学知识，选取恰当的素材，创作一幅作品反映自己的理想和愿望。同时还可以帮助学生根据个人的需求搜集异域风光、太空奇景、理想职业、体育明星等大量的图片素材。学生向往着利用信息技术手段表达自己的愿望，实现自己的理想，学生在课上创作了反映自己梦想的超现实作品。让学生在作品创作中再次深入地理解梦想的实现源自不懈努力的深刻道理，不断激励学生思考未来，理解人生。

四、创设"目标"情境

小学阶段的信息技术课教学常常要求学生掌握某些操作，而这些操作的掌握也往往以作品的形式展现。在教学过程中，向学生展示一些优秀作品，不但可以激发学生的兴趣、吸引注意力，而且也有利于学生以作品为样本建立自己的近期学习目标，并且这个目标是明确的、具体的，有了这样明确的学习目标，学生就有了自主学习的内驱力。况且在学生自主学习过程中，一旦达成这个目标，制作出自己的作品来，学生就会有成就感，而这对学生学习兴趣的保持起了积极作用，这样就形成了良性循环，有利于学生对学习这门课兴趣的保持，也有利于学生的自主学习。

在小学信息技术学科中，有很多章节我们可以利用展示作品的方法来为学生创设"目标"，如"用电脑写文章"这部分内容，可向学生展示已编辑、排版好的文章，并要求学生自己做一次小"编辑"，编辑排版一篇文章。再如，制作电子报可向学生展示一幅优秀小报作品；表格制作可向学生展示制作好的课程表等。这些作品的展示，就给学生营造了"目标"的情境，让学生向这个目标奋进，有利于学生的自主学习。

五、创设探索情境

"学起于思，思源于疑"，没有疑问就没有思维。学生积极的思维往往是由问题开始的。在实际教学中，教师要善于根据教材的内容，结合学生心理发展规律，在教学的关键处设置疑问情境，让学生有一种"心求通而未得，口欲言而不能"的感觉，从而激发学生对所学问题的积极探索。

探索情境法是课堂中比较常用的方法，主要是先提出问题，集中学生的注意力，促进学生主动思考，主动探索，使学生在学习过程中能真正成为信息加工的主体。

例如，在教学"制作网站主页"一课时，教师可以先和学生一起认识网站主页的组成，然后出示问题：如何在网页中插入水平线？如何在网页中插入图片？如何在网页中插入日期和时间？如何在网页中插入站点计数器？之后，教师可以接着做相应提示：在网页中插入图片的方法和在金山文字中插入图片的方法基本一样，我们可以在菜单中找到；出示的这四个问题有一个共同的特点，都用到了"插入"一词，同学们能不能从中得到启示？这样让学生根据教师的提示带着问题上机摸索，并用旧知带动新知的学习，使学生更容易接受。

给学生营造探索情境的同时，也应该注意我们提出的问题难度不能过大，也不能过小，教师要根据学生的实际情况，所提出的问题让学生能够"跳一跳能摸得着"，问题难度过大或过小都不利于学生自主学习的完成和自学能力的培养。因此，我们在给学生营造探索情境时要十分注意这一点。

六、创设再现情境

所谓再现情境，就是指教师或学生通过模仿、角色扮演等形式再现生活中的真实场景，使学生在身临其境的情况下获得情感体验，加深对所学知识的理解。角色扮演的形式充分满足了学生的心理需求，因为他们自己也成了整个情境的一部分，既是情境的感受者，又是情境的参与者和创造者。通过模仿、角色扮演法中所展示的情境贴近学生的思想、情感和实际生活，有利于情境中蕴含的情感与人生哲理被学生理解和接受，从而使信息技术课中情感态度价值观的教育富有感染力和实效性。

例如，教师在讲解"制作电子板报"这一内容时，可以要求学生以环保为主题并以小组协作的方式完成作品的制作。在作品展示与评价阶段，一组一组的学生代表走上讲台，扮演起"环保小卫士"的角色，一边展示着本组的作品，一边介绍作品的内容。在这一节课中，这些"小卫士"，利用他们的作品让同学们认识到了保护环境的重要性，同时也锻炼了语言表达能力和逻辑思维能力。

再现情境的创设有利于学生身临其境地感受信息技术的学科魅力。

七、创设应用情境

学生学习信息技术的最终目的是为了运用信息技术来解决实际问题。为此，教师在教学中如能联系生活，创设应用情境，可以有效地培养学生运用信息技术解决实际问题的能力。

例如，在"浏览网页"一课的学习过程中，教师通过联系生活，创设了以"了解家乡的风景名胜、人文景观、风土人情"为主题的学习情境。课上，教师对于学生了解自己家乡多少的提问激起了学生学习的欲望。面对小小计算机，要想了解更多的有关自己家乡的信息，就要学习如何进行网上资源的搜索。学生对自己的家乡有着极其特殊的情感，因此学习起来兴趣极浓。很快，他们便通过自己的主动尝试、合作研究的方法掌握了使用搜索引擎查找信息资料的方法。

又如，每一位学生都可以利用所学知识制作个性化的课程表，打印自己的成绩单，为学校创作公益广告，板报组的学生可以利用所学知识制作板报、壁报等。学以致用，学生的信息技术素养在生活中得到升华和提高。

通过联系生活，创设情境进行信息技术教学，淡化了知识本身的难度。不仅使学生学得轻松，学得自然，而且培养了学生运用信息技术解决实际问题的能力。

在信息技术教学中进行情境的创设，正印证了布鲁诺的话："使学生对一个学科感兴趣的最好的办法，是使这个学科值得学习。"通过情境教学培养出来的学生，不仅思维活跃，知识渊博，而且内心充盈，情感丰富。总之，在教学中教师应尽可能创设良好的情境，发挥教师的主导作用，促进师生之间的情感交流，满足学生的精神和意志的需要，提高教学效果。一切为了学生，这是新课程改革的核心理念。重视学生的情感体验，是情境教学的要求，更是课程改革核心的要求。运用现代教育技术创设教学情境还需要我们更进一步的探索研究，只有充分地将现代教育技术手段与教育教学规律有机地、合理地结合起来，情境教学之路才会更加辉煌，学生的信息素养才会得到有效的提高。

分层教学法：关注个体发展差异

叶澜说："差异的两端可能是白痴，也可能是天才。但是白痴往往很快被识别，引来更多的关心和帮助；天才则有可能被看作怪僻、不守规矩等，遭到批评或限制。因此，强求一致，常常导致扼杀天才。"可见，关注差异、善待差异是何等重要。有的学生很早就接触了电脑，已经是一位电脑高手了，而有的学生从来就没有用过电脑，电脑知识为零；有的学生已经会打字，并且打得很快，而有的学生还不会指法。这就造成了同一个班级学生的信息技术水平两极分化的现状。因此，分层教学成为解决两极差异、落实因材施教最有效的方法。分层教学能有效激发各层次学生学习的积极性，特别是在转化后进生方面能取得比较好的效果，促使学生的综合素质获得较大提高。在小学信息技术教学中引入分层教学能极大地调动学生认识和使用计算机的热情和积极性，让所有学生都能动脑、动口、动手去进行学习，体会学习成功的快乐。

一、教学对象分层

对于新任教的班级，不要急于将学生分层，可以通过几节课进行课堂观察及问卷调查，初步把学生进行分层，大致分成"优+""优""优-"三层。"优+"是学习兴趣浓厚、电脑操作基础好、自学能力强、接受能力强的学生；"优"层是在课堂学习中能基本掌握教师所传授的知识的学生；"优-"层是基础较差，学习习惯及接受能力都比较差的学生。但是必须注意，层次的划分不是一成不变的，实行升降级制，鼓励学生由较低层次向较高层次的"递进"，使他们保持积极的学习心态，以取得更好的学习效果。

二、分层制订教学目标

教学目标的分层就是根据课程标准的要求，针对不同学生制订不同的教学目标。分层目标层层递进，不同层次的学生可根据自己已有的知识和技能分目标选择。苏联著名心理学家维果茨基认为，"教师的教学应该引起、激发和启动学生一系列的内部发展过程，让学生通过自己的努力思考，完成相对现有知识水平而言更高层次的知识水平。这种知识水平是经过学生的努力可以达到的"。通俗地讲，就是通过"跳一跳"摘得不同高度的"果实"（完成教学任务）。教师在备课时要分析教学内容，制订与不同层次学生相匹配的教学目标。对于"优+"层次学生，通过自学掌握如书本中的"开动脑筋""亲身体验"或者课后有难度的习题；为"优"层次学生提供一些相应的提高题，鼓励他们继续深入学习；为"优-"层次学生提供一些基本题，让他们在操作中获得成功的愉悦。

例如，《图片的插入》一课的教学，教师可围绕教学重点"在Word中插入图片"制订课堂总教学目标和分层教学目标。

总教学目标为：掌握在Word中插入图片、剪贴画及绘制创意图形的方法，并能熟练地对图片进行各种编辑操作。

分层教学目标为：参照Word中已插入图片及剪贴画，并对图片进行编辑（教师为学生提供简易作品）；设计自己的Word文稿，在Word文稿中插入图片及剪贴画，并对图片进行编辑；设计自己的Word文稿，在Word文稿中插入相应的图片、剪贴画及联系文稿绘制创意图形，并对图片进行编辑，版面美观，有一定的艺术性。这样可以帮助学生分解知识上的难点，调动学生参与学习活动的积极性，教学内容对于学生来说更易于接受。

课堂教学效果及学生的有效参与达到最佳状态，尤其使基础较差的学生觉得自己也能行，只要试一试就能体验到成功的喜悦。

再如，在《遨游因特网》的教学中，教师可以对"优"层和"优-"层学生要求学会在IE浏览器地址栏中输入网址，浏览网上有用的信息。对于"优+"层学生除了上面的目标，还要求能设置主页，搜索资料等。对教学目标进行分层，能让各层次的学生在操作时都有自己的目标，都有努力的方向，增强了学习的氛围。

三、教学过程的分层

1. 分层教学

明确各层教学目标以后，针对各层次的学生开展差异性的教学活动，让每位学生都能有所收获。具体来说，即对"优+"层学生进行适当扩展和补充，让他们自己摸索探究，并进行讨论；对优层学生来说，注意观察他们的表情，及时给予指导；对"优-"层学生在练习时进行个别辅导，教师甚至需要"手把手"进行指导。例如，在教学《汉字输入》时，教师可先利用电子教室系统对学生进行电脑演示并且明确本课的基本目标和提高目标。这样做，能够给不同层次的学生一个展示自己能力的机会，提高学生的学习积极性。基本目标让"优"层和"优-"层次的学生体会到成功的喜悦，有助于培养学生对信息技术的兴趣。而提高目标则带给了优+层次的学生更大的发挥空间，让学生有机会展示自己的才能。使各层次的学生都在自己的"最近发展区"里得到提高。

2. 分层练习

在分层练习时，教师可以采用互助教学的方法，将学生进行异质分组（将处于"优+"层的，接受与操作能力较强的学生与"优"或"优-"层的学生分成一组），这种交叉的小组合作学习，使得一些基础薄弱、接受能力较差的学生在同学的帮助下也会提高学习兴趣，而基础好的学生在合作学习中实现了自我价值，获得了成功的喜悦。在完成教学任务的同时，学生也在潜移默化中学会了合作。如进行输入汉字训练，在练习时，对学生进行分组，挑选打得又快又好的学生当小老师，巡视检查其他同学的练习情况，对有困难的同学给予帮助，同时小组与小组之间可开展竞赛。学生间更容易沟通，因此学生在这种以互助互学的教学模式下，从头到尾都在愉快地学习，知识掌握得又快又好。

3. 考核与评价分层

由于实施分层次的教学方式，所以对各层次学生的考核评价标准也应有所不同，以发挥评价的诊断、促进和激励作用。对于"优-"层的学生，降低考核难度，采取肯定性评价，发现其优点，及时肯定他们的进步；对于"优"层的学生，采用鼓励性评价，对他们的进步及时给予肯定，鼓励他们积极进取；对于"优+"层的学生，评价方式应多样化，要注重学生创新能力、思维能力的评价，在肯定优点的同时，还应对他们高标准、严要求，督促他们不断超越自我，防止骄傲自满。通过这样的评价，不同层次学生都得到了教师客观、公平的评价，都找到自己努力的方向。

分层教学的教学方式很受学生的欢迎，有效地激发了各层次学生学习的积极性，特别是在转化后进生方面取得了比较好的效果。为此，在教学实践中，教师应当进一步对其进行总结、探讨，使不同层次的学生都有适合自己学习和发展的机会，使各个层次的学生都能在原有基础上获得更大的进步。

启发教学法：将生活融入课堂

教师应关注学生的个体差异，帮助学生把需求转换为明晰可行的目标，鼓励学生质疑，并指导质疑方法。启发式教学遵循教学规律，是素质教育提倡的科学的教学方法。启发式教学能够充分调动学生的主动性、创造性。在教师的启发诱导下，运用此方法学生能够按科学的方法去主动学习，积极思考，从而得到全面发展。

启发式教学是信息技术教学过程中常用的方法，是一种先进的、科学的教学观，其起源可追溯到两千多年前的孔子时代，孔子的"举一反三"便是启发式教学的雏形。启发，即启发学生思考，让学生自己思考如何解决问题。教学的最终目的是让学生通过对学习方式的理解，将教学变成自主学习。

一、启发式教学的内涵与本质

1. 启发式教学的内涵

启发式教学，就是根据教学目的、内容、学生的知识水平和知识规律，运用各种教学手段，采用启发诱导的方法传授知识、培养能力，使学生积极主动地学习，以促进身心发展。

这里要着重说明，启发式教学不仅是教学方法，更是一种教学思想，是教学原则和教学观。

当代世界各国教学改革无一不是围绕着启发式或和启发式相联系。

2. 启发式教学的本质

知识和技能的学习，从根本上说，所要解决的是知与不知的问题和会与不会的问题。也就是说，它们是要解决由"不确定性"到"确定性"的问题。

3. 启发式教学方法具有新的内涵

在教学中，教师应先激起学生强烈的求知欲再点拨、诱导他们。所以启发还包括激发学生求知欲和学习兴趣。新课程要求由注重教师教转变为注重学生学，教师应该是学生学习的促进者、学习能力的培养者或学习兴趣的培养者，所以教师在课堂中运用启发式教学时，要注意教学内容的组织和教学方式的转变，激发学生的学习动机和学习兴趣。

二、启发式教学的基本要求与原则

1. 启发式教学的基本要求

（1）调动学生的主动性。

（2）启发学生独立思考，发展学生的逻辑思维能力。

（3）让学生动手，培养独立解决问题的能力。

（4）发扬教学民主精神。

2. 启发式教学的基本原则

（1）启发性与探究性相结合的原则。

（2）基础性与发展性相结合的原则。

（3）实践性与有序性相结合的原则。

衡量教学方法的好坏不能只看形式，必须视其实质，要看能否遵循学生的认知规律，最大限度地调动他们学习的主动性、积极性，能否自始至终地引导全体学生直接参与学习的全过程，培养他们独立获取知识的能力。

三、启发式教学的有效运用分析

1. 启发学生对作品进行评价

例如，教师对信息技术基础Word教学中"文章的修饰"这一节课的教学时，首先将学生所提交的作品文本在教师机上进行展示，先让全班学生对其作品进行评价，在学生的作品当中难免会出现很多问题，比如，有的背景图片与主题不相符合，有的文字太小看不清楚，有的文本没分栏，这时候教师可以启发学生："对这些作品中的错误之处我们应当怎样改进？"学生就会根据这些问题进行思考，你一言，我一语。有的会说："将背景图片换一个。"教师趁机引导："没错，文档中文字比较重要。"还有的会说："首先要将文本进行分栏。"教师提出问题："那么同学们记得文本分栏的步骤吗？"还有的学生会说："艺术字标题太大了。"教师接着说："那改变的方法是什么呢？"学生说："将其改成文本。""可以缩小些，或不用艺术字做标题。"在对学生的作品进行评价的同时让其认识到自己的不足，启发学生的思考。

2. 在新旧知识衔接处选择启发点

对于学生的知识启发来说最主要的作用就是可以引起学生的思考。比如，在教学Flash动画的"花儿开放"的制作时，教师可以先让学生想一下"风车"的制作方法，然后提出动作补间和形状补间之间的联系和区别，学生在启发中，认识制作形状补间动画时，不需要把对象转换成元件，关键帧的使用是为了在其间做出动画，尝试用工具面板中椭圆工具去画花朵，教师可以对学生提出问题："你们学会风车的制作没有？能不能自己动手独立完成呢？"这种方法首先可以激发学生的兴趣，但是在制作的过程中还是会存在一些问题，比如，茎和花朵放在了同一个图层中，这样就无法完成制作，教师在观看的过程当中可以适当提醒，教师提醒之后可以让学生对知识点有一种深刻的记忆。在这种教学方式下，学生可以根据自己的喜好做出不同风格的"花儿开放"，然后，教师把有特色的作品展示给全班学生看，并进行评价，学生就会很有成就感。

3. 启发式教学在实际操作中遇到的问题

学生进行自主操作的时候，难免会遇到一些自己无法解决的困难。这个时候教师的启发往往是最有效果的，比如，在学习"文本的排版"这一知识点时，学生插入所需要的图片之后，有时候会发生图片与矩形不能结合的问题，这时候教师就可以在观看时提出问题："你能找到解决这个问题的办法吗？结合一下我们所学的知识。"学生根据教师的指导会积极开动脑筋，慢慢地根据教师的引导想到了"环绕方式"及"设置图片叠放次序""设置图片透明色"等知识，这时教师就可以提出："在不同的环绕方式下做出来的作品会有什么不同呢？同学们可以试一下。"学生便通过自己的实践探索，找到其中的不同之处。

总之，启发式教学的目的就是让学生在学习的过程中通过教师的引导进行思维方式的培养。陶行知说过，"最好使学生自己去研究，教师不讲也可以的，等到学生实在不能用自己的力量了解功课时才去帮助他"。这句话指出了教师的责任在于教给学生学习的方法，提高他们的学习兴趣，启发他们的思维，培养他们的自学能力。教师应把更多的时间交给学生，让学生在实践中去亲身体验创新和自学的乐趣。

运用多媒体工具：重视教学情境的营造

多媒体技术在社会各个领域得到了广泛应用，目前，中小学已经逐步普及信息技术教育，学生逐步具有获取信息、存储信息、处理信息和传递信息的能力，为适应信息社会的学习、工作和生活打下了必要的基础。信息技术课程的教学应着重培养学生的信息素养与实际操作能力，应重视学生对相关知识的综合应用能力的培养，进而培养学生的创新精神和创新能力。用多媒体进行教学时要与学生的多种感官相结合，留给学生充足的独立思考的时间，创设动手操作、语言表达的机会，这样才能有效地发挥多媒体计算机辅助教学的作用。

一、运用多媒体信息技术，激发学生学习兴趣

"兴趣是最好的老师"，有良好的兴趣就有良好的学习动机。学习动机是推动学生学习的直接动力，只有使学生对所学知识产生浓厚的学习兴趣，才能达到获取知识，发展能力的目的。而信息技术课程有很强的综合性，是一门实践性极强，理论知识较枯燥、抽象的学科。加上现阶段的小学生学习任务主要都放在语文、数学等学科上，这就使得信息技术这门课程的教学变得举步维艰。实践证明，如果单凭传统的教学手段、方法去教学，学生学起来容易困乏，失去兴趣。所以，在教学中，信息技术教师更应注意发挥自己的特长，多运用多媒体计算机技术来辅助教学，激发学生学习信息技术的兴趣。

实践证明，运用多媒体计算机技术设计制作的课件，能够创设形象直观、逼真、生动的教学情境，能够把抽象、枯燥、难懂的计算机知识转变成具体、形象、易懂、有趣的知识，从而激发学生学习兴趣，使学生全身心投入到新知识的探索、研究中，诱发学生观察，引发学生思考。

例如，教学《打字基本功》一课，教师运用多媒体计算机技术设计制作了集文字、图形、动画、声音于一体的多媒体课件，课堂上运用该课件分别向学生演示。

（1）为了让学生弄明白打字时应养成怎样的良好姿势，教师可通过该课件向学生演示："一位小学生正在聚精会神地打字。"并要求学生仔细观察、思考："打字时应注意哪些姿势？"

（2）为了让学生弄明白打字时双手应轻放在键盘哪些键上，教师可通过该课件向学生演示一幅"键盘示意图"，并在显眼的位置向学生提出问题，让学生仔细观察、思考："打字时双手各个手指应分别固定在哪些键上？"

（3）为了让学生弄明白打字时双手是怎样分工管理键盘的，教师可通过该课件向学生演示一幅"键盘分工管理图"，并在显眼的位置向学生提出问题，让学生仔细观察、思考："打字时各个手指对键盘的'管辖范围'怎样？"形象、生动的课件演示，加上教师的适当引导，引发学生边观察边思考，充分体现以教师为主导，以学生为主体的教与学的双边活动。这样，既节约了讲解枯燥知识的大量时间，又收到了事半功倍的教学效果。

二、运用多媒体技术进行教学设计

心理学家布鲁纳说："学习者不应是信息的被动接受者，而应该是知识获取过程的主动参与者。"学生学习信息技术知识是主动建构的过程，只有通过亲身的主动参与、自主探索，才能转化为自己的知识。因此，在学习新知识的过程中，教师的任务是创设良好的学习环境，给予学生充足的时间和广阔的思维空间，使学生带着积极的心态投入到探索知识的过程中去。

多媒体的教学应用，重要的是教学设计。缺乏科学性、合理性、实用性的教学设计，就会有教材不会合理应用，有条件不能充分发挥作用，有能力而无法施展。好的教材，通过好的教学设计，可以使它的应用价值升值。多媒体教学的教学设计，一般应注意以下几点：

（1）要把多媒体与其他多种媒体同样看待，研究多媒体与其他多种媒体的有机组合。因为多媒体不是万能的，有优势也有不足，它只是综合了其他媒体的优势，而没有达到其他媒体的最佳表现力。如幻灯的高清晰度和电视大容量的活动图像和动态表现力。因此，在教学中要合理设计、搭配、应用多媒体和其他媒体，共同发挥出综合效益。

（2）选择适合发挥多媒体特性的教学内容，制作多媒体教材，如形态学内容，微观、宏观的教学内容，机理抽象复杂的教学内容，实习教学内容，实验技能训练课内容，使有限的制作能力用在关键的地方，好钢用在刀刃上。

（3）根据不同的教学要求，采用不同的多媒体教学手段，科学设计多媒教材的系统功能，如电子提纲型、综合演示型、实验操作型、考试测验型、资料工具型、网络教学型，充分发挥各种功能的长处，做到媒体优势与效益的有机结合。

（4）多媒体的各种特性的发挥，不应以花样翻新或计算机技术的难度来评定优劣，不能认为多媒体教材做得越复杂，技术难度越高就越好。其简单和复杂的程度，应重在准确、简捷和恰到好处的教学实用性，要尽量以少而精的计算机资源，制作出简而优的多媒体教材。

（5）研发多媒体教材要在创新上多下功夫。创新，就要充分发挥多媒体的特性，了解最新理论和技术研究成果，广泛征求任课教师的意见，努力取得教学中第一手的实验资料和新的理论认识，积极探索精品制作与教学创新点相对应的良性循环的路径。

三、多媒体技术与网络技术相结合

开发网络教学是21世纪的主题，多媒体教学要发挥出更大的功能效益，实现实时交互的计算机多媒体远程教学。交互式教学与广播电视大学不同的是，学生可以和教师进行在线式或离线式（E-mail）信息交流，提出问题，接受指导，达到一定程度上的面对面教学的效果，这是另一层意义上的交互式教学。从目前的形势来看，多媒体的教学应用，网络教学比智能化教材的发展要快得多，发挥的作用也更大。一方面智能化教材的制作难度大，普及慢，另一方面越来越多的多媒体教学资源，只有在网上才能广泛地、自由地被充分利用，应用范围广，见效快。

教学过程中，不要把先进的技术当成简单的直观演示的工具，而应以它作为学生提出问题、解决问题的手段，有效地突破教学中的重难点。更不能以先进的教育技术来不断加大教学容量，忽视学生的思考、探索实践。上好一堂课，关键在于突破教学中的重难点，使学生轻松易懂，理解透彻，印象深刻。但有些知识内容很难用语言和教具达到这个目的，网络信息为教师提供了无穷无尽的教学资源，为广大教师开展教学活动开辟了一条捷径，只要在地址栏中输入网址，就可以在很短的时间内通过下载，获取自己所需要的资料，制作成课件，大大节省了教师备课的时间。

未来的教育是以科技为主导的教育，未来的教育模式是丰富多彩的，但是无论如何，其发展趋势将会以计算机多媒体智能教育为主要特征，中小学信息技术教师只有在加强素质教育的同时，不断加强和推进多媒体技术在信息技术课堂上的合理运用。在实际教学中总结积累经验的同时，不断提高教学效果和教学质量，才能真正地利用多媒体这一先进手段，提高中小学生的信息技术水平和综合素质。

　　总之，要针对多媒体教学中遇到的多种多样的问题，摸索出新的教学方法，开发出新的教学模式，要开阔思路，启发思维，强化多媒体意识，培养探索和创新精神。

微课程，开启"融合"新时代

微课，顾名思义，是指时间上和内容上"微小"的课程，是指以视频为主要载体，记录教师在课堂内外教育教学过程中围绕某个知识点（重点难点疑点）或教学环节而开展的精彩的教与学活动的全过程，一般为5～10分钟。具体来讲，就是指基于教学设计思想，使用多媒体技术在5分钟左右的时间内就一个知识点进行有针对性的讲解的一段音频或视频。在教育教学中，微课所讲授的内容呈点状和碎片化，这些知识点既可以是教材解读、题型精讲、考点归纳，也可以是方法传授、教学经验等技能方面的知识讲解和展示。微课是课堂教学的有效补充形式，不仅适用于移送学习时代知识的传播，也满足了学习者个性化深度学习的需求，所以微课现在已被广大教师运用到课堂教学中，促进了课堂教学方式的变革。信息技术应用于教育教学过程，不能只是运用技术，应积极改变传统的课堂教学模式。

一、微课与学科课程的深度融合

微课与学科教学的深度融合是一个改革教学结构、使教与学达到最优化效果的过程。面对深度融合的要求，在实践中探索，借助开发资源、创新教学模式、开展网络教研等一系列举措，取得了不错的成效。

1. 变教学资源为学习资源

在以往的资源建设中，我们积累了丰富的教学资源，但随着新课程改革的深入，这些资源的局限性愈加明显：一是不能满足不同教师对资源的个性化需求；二是这些资源大多属于课件资源，主要为以教师为中心的传统教学方式服务，难以满足培养创新型人才的需要。微课的兴起，为信息化教学打开了新的视野。微课资源容量小，便于在不同的终端上使用，且微课开发的门槛低，方便教师掌握。

因此，可以让信息技术与学科教学深度融合研修团队的教师先行先试，尝试开发微课资源，通过他们培训吸引全校教师共同来参与这项工作，同时将教师微课开发与校本研修学分考核挂钩，有效地保证了微课制作的质量。开发微课是一种很好的校本研修方式，对教师的专业成长有很大的促进作用。

2. 提高教师课堂教学能力的新途径

（1）制作微课也是一个微研究的过程，教师发现身边问题，通过"想办法—解决—梳理—制成微课"的过程，帮助教师解决身边最关心、最棘手的问题，简单实用，人人可以做，人人都会做。

（2）制作微课，也是一个反思的过程，通过不断地反思，促进教师提升自己的课堂教学水平。

（3）微课便于传播，为教师交流学习提供便利，从而实现教学观念、技能、风格的模仿、迁移和提升。在开发微课的同时，逐步形成"微讲台"，培养学生自主学习、独立思考的能力；微课能有效地帮助一些学困生达成学习目标，提高了各学科及格率。

微课与学科教学的融合之路并不是一帆风顺的，需要我们不懈地努力才会取得成功。但我们坚信，在各级领导、专家的亲切关怀和大力支持下，我们会紧抓机遇，开拓创新，充分利用现代信息技术手段，摸索出更适于学生健康发展的教育教学新模式，把学校的微课教育信息化工作推向一个新的发展阶段。

二、微课与课堂教学形成有效融合

1. 微课主题明确

微课主要是为了解决教学中某个知识点，特别是教学中的重点、难点问题。微课的教学目标相对单一，指向性明确，所有的教学设计与制作都是围绕某个知识点展开，不仅注重教师的"教"，更注重学生"学"的设计；传统教学视频往往是一堂课的复制，包含多个知识点，含有复杂众多的教学内容，更注重教师的"教"，而微课是传统教学视频精华的浓缩，主题很明确。

2. 微课短小精悍

微课主要是为了突出课堂教学中某个知识点（如教学中重点、难点、疑点内容）的教学，或是反映课堂中某个教学环节、教学主题的教与学活动，相对于传统的一节课要完成的众多复杂的教学内容，微课的内容更加精简。根据国外可汗课程的统计和脑科学的研究，一般人的注意力集中的有效时间在10分钟左右。所以，微课视频的时间一般不超过10分钟，以5~8分钟为宜。

3. 微课占用资源容量小

从微课容量的大小上来说，微课视频及配套辅助资源的总容量一般在几十兆左右，视频格式须是支持网络在线播放的流媒体格式（如rm，wmv，flv等），师生可流畅地在线观摩课例，查看教案、课件等辅助资源，也可灵活方便地将其下载保存到终端设备上实现移动学习。

在知识更新日益加速的今天，前沿信息越来越多，传统教学由于方式单一，在课堂上提供的信息量相对较小，往往较难满足学生日益增长的学习需求。由于微课教学与传统教学方法有各自的优势和不足，因此，需要将两者有机地结合起来，取长补短，这样既能克服传统教学方法传授信息量少的不足，又将传统教学易于增进师生感情、活跃课堂氛围的优势发挥得恰到好处。

三、微课促进教学方式的深刻变革

1. 用于课前学习

教师可以将具有针对性的微课作为学生的自主学习资源，用于课前预习或者复习，为新授内容做铺垫，降低学习新知的难度，有利于学生对新知识体系的自主建构。

2. 用于课堂学习

用于课堂教学，即把微课穿插于传统教学过程，提高学生的注意力。课堂上一味地板书讲授，会显得乏味，失去学生的注意力，如果能在教学过程中穿插一个小小的微课，既可以丰富教学的形式和内容，转换一下学生的思维，又可以重新抓住学生的注意力，提高效率，使整节课的时间均为有效时间。

3. 用于课后学习

微课是传统教学模式的有效补充，可灵活运用于多种学习情境，如在线学习、面对面教学或混合学习；学习形态可以是正式学习，也可以是非正式学习；教育层次多样，满足社会大众各种学习需求。很多知识点很难理解，尤其是按传统的教学模式讲授，显得更加难以理解，这就可以将其做成微课的形式，以供学生课下随时学习。另外，也可以将板书、图形、图表较多的部分，以及工程实践演示部分做成微课形式，一方面节约时间、提高效率，另一方面还可以增强教学效果。

4. 用于随时学习

微课方便学生自主安排学习时间。现在的学生思想开放不受约束，追求个性与自由，接受知识能力强、自我意识及认知能力强，不再喜欢按部就班的传统教学模式，他们喜欢多样的教学模式、不拘一格的学习形态，因此，随时学习必将受到追捧。以传统教学系统知识组织微课教学主要以简短的视频形式呈现，并发布至相应的学习平台供学习者观看、下载。随着智能手机、平板电脑等移动设备的普及，这种在线视频学习为大众提供了灵活自主的移动化网络学习体验。由于微课具有主题明确、短小精悍、占用资源容量小等特点，方便随时学习。

四、微课对传统教学形成有益补充

1. 认真准备微课的教学设计

首先，教师要熟悉教材和学情。对某一课时的教学，教师必须熟悉教材的整体规划、课标要求和教学重难点，还要根据平时积累的教学经验，充分研究学情，明确在实际的课堂实践中，学生的困惑点和障碍点在哪里。站在学生的角度，以好的策略或创意解决教学中的难点，充分挖掘课时教学中的难点。其次，教学设计要主题突出、内容具体。教学设计内容要非常精练，在5~8分钟内讲解透彻，不泛泛而谈。一个课程就是一个主题，研究的问题来源于教育教学具体实践中的具体问题：或是生活思考，或是教学反思，或是难点突破，或是重点强调，或是学习策略、教学方法、教育教学观点等。

2. 精心录制、编辑微课视频

有了微课程的设计内容，接下来就是精心录制。结合学校、教师的实际情况，可以借助手机、照相机、手持DV、录像机等进行录制。也可以利用软件进行录制，例如，Office2010版的录制功能，还可以用CamtasiaStudio、paidashi专业录制软件进行录制。录制时，可以一边操作，一边配音；也可以只操作后配音。也可以对已有的视频资料再加工，时间最好控制在5~10分钟内。微课在内容、文字、图片、语言等方面须准确无误。微课讲解时，声音要洪亮，抑扬顿挫。语言通俗易懂、深入浅出、详略得当，不出现你们、大家、同学们等大众受众式用语。视频画质要求清晰。

微课打破了传统的教学方式的束缚，满足学生对不同学科知识点的个性化学习、按需选择学习，既可查缺补漏，又能充分利用时间强化巩固知识，还能促进学生自主学习的积极性。

新课改倡导自主、合作、探究的学习方式。其中自主放在第一位，可见其重要性，没有学习的主动性，就更不要说合作与探究了。但是现在的学生所缺少的往往就是学习的主动性，经过观察和调查发现，缺少学习主动性的学生很大一部分是因为没记住课堂上教师所讲的重要知识点，而课下又无从寻找，久而久之就失去了学习的兴趣和主动性，最终导致厌学的情绪。而微课的可移动性和细化、形象化、透彻化的特点正好弥补了传统教学的这一不足。所以说微课是传统课堂学习的一种重要补充和资源拓展的手段。

　　综上所述，微课既有别于传统单一资源类型的教学课例、教学课件、教学设计、教学反思等教学资源，又是在其基础上继承和发展起来的一种新型教学资源。微课经过精心的信息化教学设计，以流媒体形式展示的围绕某个知识点或教学环节开展的简短、完整的教学活动融入传统模式下的课堂是非常有必要的，也是切实可行的。微课在教育领域崭露头角，以其主题明确、短小精悍、占用资源容量小等特点成为一种新型的教学模式，可根据学生接受知识的情况随时调整课堂教学方法。因此，将微课与传统教学互相融合，取长补短，以微课促进教学方式变革，有助于激发学生学习兴趣，培养学生主动学习、主动思维的能力。

第五章

信息技术在促进学生学习方面的应用

概念图和思维导图在教学中的应用

概念图和思维导图作为一种学习的策略，能促进学生进行有意义的学习，促使他们整合新旧知识，建构知识网络，浓缩知识结构，从而使学生从整体上把握知识，还可以作为一种元认知策略，提高学生的自学能力、思维能力和自我反思能力。另外，由于不同的学生在学习了同一内容后，所形成的概念图不同，因而教师可以通过查看学生们所画的概念图的方式对学生的学习效果进行检查，并能准确找出错误之处。

概念图和思维导图的主要共同点就是它们都是可视化工具。可视化技术将知识以图解的方式表示出来，从而大大降低了语言通道的认知负荷，加速了思维的发生。其理论基础是双重编码理论，该理论的一个重要原则是：同时以视觉形式和语言形式呈现信息，能增强记忆和识别度。概念图的最大优点是把知识及其体系结构一目了然地表达出来，突出表现了知识体系的层次结构。而思维导图是对发散性思维的表达，是打开大脑潜能的万能钥匙。

一、概念图

概念图是康乃尔大学的诺瓦克（J. D. Novak）博士根据奥苏贝尔（David P. Ausubel）的有意义学习理论提出的，是用来组织和表征知识的工具。它通常将有关某一主题的概念置于圆圈或方框之中，用连线连接相关的概念和命题，连线上标明二者的关系，包括概念、命题、交叉连接和层级结构四个要素。

1. 特征

（1）节点：由几何图形、图案、文字表示某个概念，每个节点表示一个概念。

（2）链接：表示不同节点间的意义关系，常用各种线链接不同节点，这其中表达了构图者对概念的理解程度。

（3）文字标注（连接词）：可以表示不同节点上的概念关系，也可以是对节点上的概念的详细阐述，还可以是对整幅图的说明。

2. 结构

（1）交叉结构：表示不同知识领域概念之间的相互关系。

（2）层级结构：同一知识领域内或不同领域概念间的结构。

3. 模型

一章（或几章）的概念图如图5-1所示。

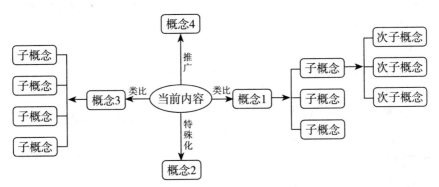

图5-1　一章（或几章）的概念图

一节的概念图如图5-2所示。

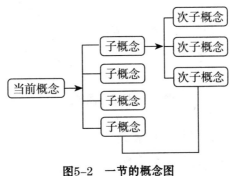

图5-2　一节的概念图

4. 优缺点

（1）优点：概念图能够构造一个清晰的知识网络，便于学习者对整个知识框架的掌握，有利于直觉思维的形成，促进知识的迁移。

（2）缺点：思维的广度有了，但同一概念思维的深度没有，只是简单地罗列一些概念，没有对概念的具体的一些实际表述，而思维导图的应用正好可以弥补其不足。

二、思维导图

思维导图为英国"记忆之父"托尼·巴赞（Tony Buzan）在20世纪70年代所创，是一种思考的方式，也是一种有效使用大脑的方法。它就像大脑中的地图，完整地将思维、想法呈现出来。从同一层次的节点数目我们能看到思维的广度，从一个分支的长度我们能看到思维的深度。离中心节点近的为主要原因，离中心节点远的为对主要原因的进一步发散。思维导图就是一种帮助我们思维和记忆的有效方法。

1. 特征

（1）主要的焦点清晰地集中在中央图像上。

（2）主题作为分支从中央图像向四周放射。

（3）分支有一个关键图像或者印在相关线条上的关键词构成。

（4）各分支形成一个相互连接的节点结构。

2. 模型

思维导图模型如图5-3所示。

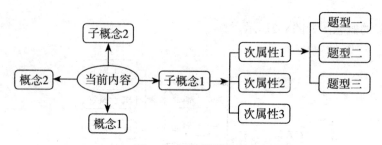

图5-3　思维导图模型

从图5-3可以看到，思维导图就是从当前内容出发，研究其属性与子概念。对于教学就是找这个标题有什么样的理论依据，然后根据这个属性，有什么样的题型。

思维导图中，从同一个层次的节点数目可以看到思维的广度，从一个分支的长度可以看到思维的深度，离中心节点近的表示内容的包容度高，离中心节点远的表示内容的包容度低，更趋于具体。

思维导图与概念图的主要区别在于：概念图的各个节点都是概念，概念间是平行的或包含关系；而思维导图不仅表概念，还表其属性，易于发挥其思维。概念图与思维导图有着较大的不同，认清它们的不同更有利于在需要的时候进行取舍，从而更高效地为教学服务。

在基础年级，一小节课应用思维导图能够较好地概括归纳知识，而且便于以后知识的回顾与再现；一章的学习用概念图较好，便于一大节知识梳理系统化，当然这也不是绝对的。

总之，随着教学与学习变革的逐步深入，概念图和思维导图的应用领域将越来越广阔。在计算机软件技术，特别是云计算技术的支持下，概念图和思维导图的功能将越来越强大，应用形式也将得到不断创新。

思维导图在学生学习中的应用

思维导图是一种图文并茂的学习工具，能很好地运用左右脑的机能，帮助学生进行高效的学习，有助于激发学生的学习兴趣及动机，引导学生建构自己的知识体系和认知结构，并通过改善学生的学习策略实现建构主义在教学中的实践，从而提高课堂学习效率，最终实现教学和学习的双赢。

一、提高学生的学习能力与思维能力

思维导图用图形网络的方式，教会学生如何学习和如何思维，从而达到提升学生的学习能力和思维能力的目的。思维导图能够在厘清思路、组织信息、加强记忆、提高学习效率等方面提供强有力的帮助。思维导图是将主题置于最中心的位置，用线条和图画进行分支的绘制，在这个过程中，将多个零散的知识点进行了整理，从纷繁的信息中找到信息之间的内在联系。不仅把握了知识结构的全局，整理了知识的框架，还通过不断地添加分支，把握了细节。

学生在预习功课时，可以采用思维导图的方式。在对学到的知识进行整理的同时，思维导图清晰地展现了新旧知识间的关系，可以促进学生的有效学习。在课堂学习中，用思维导图的方式记笔记不仅可以腾出时间参与教学活动，而且由于采用图和线的网状结构，更利于记忆和复习，使课堂学习更高效，更能激发学生的创造思维。

二、学生自主学习的评价与反馈

在内容讲授和学习环节中，教师可以充分发挥思维导图的优势开展以学生为主的教学活动。教师的评价和及时反馈对学生学习起着调节和控制的作用。因而，教师要根据实际的教学情况，准确把握学生学习过程中存在的问题，并及时、有效地反馈给学生，同时，还要发挥思维导图在发散思维过程中的动态呈现过程和创新思维培养的优势，提高学生解决问题的能力。

三、学生自我学习方式的转变和提高

教师使用思维导图进行辅助教学，学生通过思维导图进行知识建构，这种教学方式与学习方式可以促进学生记忆能力的改善，并有效地提高学习效率。学生自己动手绘制思维导图能够调动全身多个感官，并积极地参与到主动的学习过程中来，同时，还能够运用自己独特的思维模式独立完成知识体系的构建。

思维导图改变了以往传统的做笔记方式，它运用丰富的色彩和图像，在同一个平面中充分反映出空间感、多维度、个人联想和创新能力，可以随意组合关键词，这种学习方式和思维方式使学生的学习不再是死记硬背，改变了学生原有的、呆板的学习方法。

教师可以提供给学生多方面、多学科的优秀的思维导图实例来拓宽学生视野并促进学生不断提高运用思维导图的能力和水平。绘制思维导图的过程，能够使学生积极思考、加深对知识的理解，认真体会和观察知识间的关系，并发现自己从没注意到的各知识间的关联，从而产生一些具有创新性的理解，激发了学习兴趣，也增加了学生的成就感。

四、学生自我知识管理能力的培养

利用思维导图设计整个教学内容能够有效地培养学生自我知识管理的能力，主要表现为：能够使教学过程更加系统、科学和有效；能帮助师生从系统的角度整体把握知识，有利于课本知识的传授；能够帮助师生掌握正确、有效的学习方法和教学策略；在绘制思维导图的过程中，会涉及如何快速地阅读和整理信息内容，可以更好地帮助学生加深理解所学内容。

学生在初步绘制思维导图时应注意，首先要从白纸的中心开始作图，周围留有足够的空白，白纸中心是一个关键词或者一幅表达信息重要内容的图片，中心与分支连接要依照分支的层次关系，每个分支使用一个关键词，尽可能使用多种颜色并用曲线替代直线进行绘制。在绘制过程中，学习内容被强化和复习，思维导图成为提高记忆力的有效途径和手段。依据艾宾浩斯遗忘曲线图进行学习的复习与强化，思维导图能够帮助教师和学生对知识掌握达到事半功倍的效果，而思维导图的绘制和不断完善的过程可以引导学生不断去回忆、强化和复习知识。在复习阶段这是一种既节省时间又节省精力的有效学习方式，每次复习和回忆之时，学生能够与其他知识联系起来进行知识重构。

总之，思维导图能把枯燥的文字变成彩色的、容易记忆的、有高度组织性

的图像。通过刺激学生的视觉感官，对所学知识进行知识关联、发散性思维训练，来加深他们对知识的理解和记忆，从而提高教学效率和学习效率，达到教与学的双赢。思维导图在教与学过程中的有效应用，不是一日之功，还需要教师和学生在教学和学习中不断地实践与提升，进一步开发出思维导图在教育教学中的强大功能。

翻转课堂教学模式的实施和应用

目前，翻转课堂作为一种新兴的教学模式，正在逐步引入小学信息技术课堂。翻转课堂又叫颠倒课堂，是将知识传授和知识内化两过程的颠倒安排，并对课堂时间的使用进行重新规划，改变传统教学中的师生角色，实现了对传统教学模式的革新。

一、对翻转课堂的理解和接受

翻转课堂，是英语"Flipped Class Model"翻译过来的术语，一般被称为"翻转课堂式教学模式"。自从被引入国内以来，翻转课堂模式就受到了广大教育工作者的高度关注。传统教学过程通常包括知识的传授和知识的内化两个阶段。知识的传授是通过教师在课堂中的讲授完成的，知识的内化则是学生在课后通过作业等实践来完成的。在翻转课堂上，这种形式受到了颠覆，知识传授通过信息技术的辅助在课后完成，知识内化则在课堂中经教师的帮助与同学的协助完成，从而形成了翻转课堂。

随着教学两过程的颠倒，课堂学习过程中的各个环节也发生了变化。学生改变被动接受的角色，开始进行主动研究；教师将由原来的传授者变为学习的推动者，在学生需要指导的时候教师会提供必要的支持，这样教师反而成了学生学习过程中主动获取信息的一种途径；教学形式变为课前学习和课堂探究两个过程；课堂内容主要是对课前学习的疑问进行问题探究；最终学生课业评价方式不同于传统的纸质测试，而是更多角度多方式的。这样一来，也就完成了翻转课堂的先进行知识的内化，后进行知识的传授。

翻转课堂从三方面改变了我们的学习：一是"翻转"让学生自己掌控学习，二是"翻转"增加了学习中的互动，三是"翻转"让教师与家长的交流更深入。因此，翻转课堂有六大好处：翻转可以帮助繁忙的学生，翻转能帮助学习有困难的学生，翻转增加课堂互动性，翻转让教师更了解学生，翻转能实现学生个性化学习，翻转改变了课堂管理。从表面上来看，翻转课堂是一种新颖而有效的教学方法。学生不再是课堂上被灌输知识，而是在课堂上参加各种有意思的教学活动，而这些教学活动的前提是学生必须提前（比如通过微课）学习学科知识。然而，翻转课堂不过是一种教学工具，其背后的教育思想和教学理念才是最关键的。例如，培养的是人，而不是单纯的考试机器；激发学生的学习热情比起教授知识本身更重要；培养其深层理解、举一反三的能力，而不是机械地训练；教师不应该居高临下，而是成为导师，更多扮演的是解决学生问题的角色，帮助学生成长。

至少目前来看，许多学校已经在开始尝试翻转课堂了，不是因为炒作，而是确实看到了它相比传统课堂的优势。从本质和模式上来讲解：翻转课堂教学模式的本质是学生前置自主学习（知识传授）和师生课堂互动学习（知识内化）。

二、常见的翻转课堂模式

1. 家校翻

前置自主学习和课堂学习分别在家里、学校教室完成。

家里：学生在家前置自主学习。（教师把学习任务单、微课、测试题等资源发给家长，由家长监督孩子按要求看微课、做练习、在线测评或纸质试卷测评）

教室：师生围绕前置学习过程中发现的核心问题展开小组研讨、集中讲解、深入学习、一对一辅导、成果展示等。

2. 校内翻

前置自主学习和课堂学习都在学校内完成，只不过分成两次课来实施。

第一次课：学生在学校根据学习任务单的要求边看微课边做测试、练习题。

第二次课：在教室，师生围绕前置学习过程中发现的核心问题展开小组研讨、集中讲解、深入学习、一对一辅导、成果展示等。

（这里说的两次课可以不连堂，这是首推的做法，适用面较广。）

3. 课内翻

前置自主学习和课堂学习都在学校教室里完成，一堂课分为两个部分。

前半节课：学生根据学习任务单的要求边看微课边做测试、练习题。

后半节课：师生围绕前置学习过程中发现的核心问题展开小组研讨、集中讲解、深入学习、一对一辅导、成果展示等。

（这种做法的好处是操作比较便利，教师自己就可以掌控。）

三、如何有效地实施翻转课堂教学

1. 多"做"少说

作为学校或一线教师，如何界定翻转课堂并不是特别重要，因为翻转课堂的方式非常多，真正的实践者会根据自己的实际情况来选择不同的翻转方式。所以，重要的是在翻转课堂教学理念的基础上，能够找到一个切实可行的提高学生学习效率的教学方法。

微课是实现翻转课堂教学的重要支柱之一，所以，教师还需要"做"线上教学的内容，也就是微课（根据实际调研发现，学生更愿意学习自己老师精心编辑的课程，这会让他们觉得更亲切。而且也只有教师自己更了解自己的学生需要什么）。而微课的核心目标是提高学生学习效果，所以我们在制作微课时，没有必要一味地去追求"高、大、上"的微课制作技术，毕竟微课的宗旨是在短时间内传授知识，解决学生的问题，而并不是为了去"Show技术"和"Show美观"。但是，一定要让学生在学习微课的过程中，主动参与，并启发学生的深度思考，比如，在微课内插入交互试题等，而不是"灌输性"的讲解，这样就和传统课堂讲课没什么区别了。

2. 角色的转变

应该采取以学生为中心、学生主动学习的教学策略，教师的角色由授课者、知识的拥有者转变为课件内容的开发者、学习的促进者和指导者。在实施翻转课堂之前，教师可以把每周的教学目标、测验试题、教学内容、课堂教学活动方案等先一一列出来，只有知道自己要达到什么目标，怎样才能算是达到目标，才有可能知道要设计的内容。而不是让教学内容，甚至一本教科书来主导所有教学。

在课前，教师以微课的形式发布学习任务，督促学生进行知识的预习或检测；课中，教师根据学生的预习情况进行有针对性的讲解或者指导，并组织学生一起讨论交流等。当然，课中的教学环节，教师应该是自由的，不是所有的模式适合所有的教师。比如，有的教师喜欢让学生动手完成一些项目；有的教师愿意组织多个小组进行讨论交流；有的教师喜欢将课堂转变为作业或试题的评论场所等。所以，教师在课中环节，可以自由选择适合自己、适合自己课堂教学的元素进行合理运用。

3. 学校应提供一个高效的"翻转"平台

如今，教学技术工具是"五花八门"，虽然选择什么教学平台来翻转应该由教师自己来定，可是如果频繁地更换教学平台，学生面临的困境是要去不同的平台注册账号，适应不同的平台风格和功能，这样很显然会影响学生的学习效果和学校形象。而目前的现实情况是，有的教师用博客，有的教师用微信、QQ、微博等，甚至有的教师在人人网上发布翻转课堂的内容。这些社交性内容发布平台，非常不便于学生学习情况的管理和统计，教师也就很难追求个性化的教学了。

四、翻转课堂需要注意的问题

翻转课堂作为一种新的教学方式，需要注意以下三个问题。

1. 翻转课堂对教师的教学能力要求高

翻转课堂的最终目的是通过课前学习浅层知识，课中留出大量时间有针对性地解决学生的问题，并培养学生的高级思维能力，如创新、合作、问题解决等。一般的教学都是以讲授为主的，教师们抱怨课业任务重，没有时间组织学生互动、没有时间进行项目化学习、没有时间开展小组合作等。

另外，在制作微课时，最佳的情况是根据学生现有学习水平，根据具体的教学内容等定制开发微课，而不是通过批量引用外校或市场上的微课。相关机构实际调研表明，学生们更愿意学习自己老师精心编辑的课程，所以，如何设计切合学生真实需要与生活经验的微课，也需要教师花很多功夫。〔在此，向各位教师推荐知牛网（iZhiniu.com）交互式微课个性化教学平台〕

2. 教学准备工作量大

教学准备包括微课的设计与制作、微课的发布、学习平台的管理等。学生在课前的学习是教师难以掌控的，虽然通过发布学习任务能够很好地引导学生学习微课，教师也能够根据学情跟踪、分析、查看学生课前的学习情况，但很显然这些都增加了教师的工作量。课中与学生的互动，就意味着教师不能照本宣科、按部就班地执行教学方案，中间也许会遇到突发状况，课堂的生成性较强，需要教师的教学机智。

3. 对学生的学习方式要求高

学生习惯了传授式的课堂教学流程，思维不够灵活。真正给了学生自主学习的空间，他们能提出有价值的问题吗？能善用课堂时间保证学习效率吗？这些都需要一步一步地训练与养成。

综上所述，翻转教学模式促使学生培养自控力及合理安排时间的能力，教师通过在课前布置好学生的学习任务，培养学生自主发现、解决问题的综合能力。这对于学生自我素养和自身能力的培养也具有良好的促进作用。在进行翻转课堂教学模式的同时，为了帮助学生有更好的课下学习的机会，要与家长针对本课程本模式的详细过程、重要性等问题进行详细介绍，说服家长对于学生的自学、时间安排以及自我控制的锻炼进行积极的鼓励并获得家长的帮助。这对于孩子的身心健康发展具有良好的作用。另外，在真正实施翻转课堂过程中仍具有很多挑战，例如，学校作息时间的安排问题、学科适用性问题、教师专业能力的问题等，需要家长、教师、学校等各方面的积极支持与配合。

让学生成为课堂主人的未来教室

　　无论未来的教育将以什么样的形态存在，无论学生通过线上可以获取多少学习的知识与技能，无论未来的学校将被怎样重新定义，无论翻转课堂发展得多么完善，基础教育中的两个核心要素教师、教室将会永远存在！这是由教育的本质、人的成长规律决定的。通过传承人类文明，使个体在不断社会化的过程中，实现全面而自由的发展是教育的本质。在这个过程中，学生需要面对面地进行思想与情感的沟通，需要在特定的环境中得到有针对性的指导，需要在丰富理论知识的同时，锻炼提高实验与实践能力，培养创新精神与能力，这些都是在自我封闭的个体化学习过程中无法解决的。未来教室是基于现实并在可预见的将来可以看到的形态，并非科幻小说式的遐想。

一、基于信息技术的未来教室的特征

1. 数字化

　　数字化是未来教室的基本特征，是建立在计算机和网络技术基础之上的教学、管理、研究等有关信息的收集、处理、整合、存储和应用的综合。在数字化的条件下，人（教师与学生）、资源、环境等一系列因素被重新组合，并由此建立起新的教育教学模式、管理模式、人才成长模式。首先，数字化利于人与人之间互动性的提高，增强了教学管理效率，使得师生间、生生间实现快速的信息传递，便于教师及时了解学生的学习情况，并能够做出反馈及课后的诊断，让教育关注每个人的理念落到了实处；其次，数字化使得学生对资源的获取超越了时空的界限。他们既可以在家里和课堂中获得教师提供的学习资源，也可以将自己的学习体会、作业等作为线上学习资源与其他人分享，不同班级、学校，乃至不同国家之间的学生可以共享数字化资源，让"地球村"里的学生虽相隔万里，但可以同时学习；再次，数字化的仪器设备的使用，极大地增加了学生动手实践的机会，为其开展探究性学习、培养动手能力提供了必备条件。与传统仪器设备的不同之处在于，学生们可以通过数字化的仪器设备实现共享共联，开展跨学校、跨区域的学习研究。

2. 数据化

如何真正实现教育的个性化，如何真正掌握学生的身心成长规律，一直是困扰教育的难题。大数据时代的到来，为解决这两个难题提供了重要的思想和技术基础。首先，可以参照类似人类神经系统的数据管理系统，构建未来教室的所有环境与资源，任何一个数字化的条件都是重要的数据源。学生的身高与体重、心跳与呼吸等生理状况、获取知识的思维过程、动手实践的各类数据等，皆可以被采集、处理、分析、提炼、整合，当这些被采集到的数据达到一定的量级时，就可以进行全样本的分析并进行个性化的处理；其次，通过数据的深度挖掘与应用，便于教师、教育管理者特别是宏观决策者动态掌握不同地区、不同学校、不同学段和性别间的差异，有利于做出更适合于学生发展的决定；再次，到了一定年龄段的学生，他们本身既是数据的创造者，也是数据的分析者、应用者，我们的课堂就不再仅仅是传授知识的场所，而是实实在在地成为学生自主学习、共同成长的研究性学习场所。总之，数据化的未来教室让我们比以往任何一个时代都能够更接近并发现真实的学生。

3. 虚拟现实化

提到虚拟现实，很多人立刻想到的是利用电脑模拟产生一个三维空间的世界，提供给使用者关于视觉、听觉、触觉等感官的模拟，让使用者身临其境。或者是把一些传统的带有危险性的实验通过虚拟的方式实现，让学生在规避危险中学习知识。而本文提到的未来教室中的虚拟现实化，是指计算机技术、网络技术、光影技术、仿真技术、物联网技术相融合而成的课堂的新形态，它不仅要让学生在一个生动、逼真的环境中学习知识，还有一个更加宽广的视野与思维方式，同时不放弃对动手能力的培养。

首先，虚拟现实化利用光影新技术让传统的在屏幕平面化显示的教学课件或视频影像在学生眼前立体而真实地呈现。在学生眼前，"官渡之战"的双方摆起了对阵，林黛玉步步留心、小心谨慎地进了贾府，尼亚加拉瀑布似从头顶飞流而下，微观世界如此生动而具体。

其次，虚拟现实化就是要给学生创造一个近乎真实的场景，让学生在其中以某种具体的角色去亲身感受。学生可以是一名宇航员登上了月球，去真实地感受月球上的重力、尘埃；也可以是一名身患某种疾病的人，在一个被严重污染或是流行病盛行的城市中生活，这个城市不是传统意义上的真实搭建，而是通过虚拟现实技术在教室中的真实呈现。

最后，虚拟现实化可以通过物联网技术、仿真技术，让学生所有知识的学习、实验的操作打破空间的界限，采用同步真实的场景中的数据开展活动。如讲到"三峡"时，教室中呈现的是同步的三峡气候、水文情况，甚至还可以在教室中感受到漂在空气中的三峡的气息；不同区域之间的学生在同一时间的相互交流中，可以在对方教室中模拟产生己方的所有自然情况等，于是学生进行的实验不再单纯是验证性的，而是真正可以和外界相融合、接轨的探究性实验。

虚拟现实化，把虚拟世界与真实世界有机地结合起来，营造了自主学习、自我感受、自我成长的环境，让学习者通过自身与信息环境的相互作用获得知识与技能。

二、构建未来教室应遵循的原则

1. 保证学生身心健康

技术是要为人服务的。因此，无论我们怎样讨论未来教室应有哪些特征、配备哪些仪器设备，都不能以牺牲学生的身心健康为代价，如要严防对视力的伤害、防止过强的电磁辐射、避免极端的心理刺激等。

2. 促进学生思维发展

数字化与数据化使得师生间、生生间的交互更便捷，数据的采集更全面和准确。在增强互动性和共享性的同时，不能忽略学生抽象思维和逻辑思维的培养。虚拟现实化使得学生可以跨越时空的界限，在虚拟的世界中学习知识，但一定不能忽视学生亲自动手实验及亲身到大自然中的学习。

3. 满足学生成长需要

传统教室的布局、结构、功能是站在教育者的角度，即怎样更好地实现大班级教学目标而设计的，而不是从学生成长的角度考虑的。未来教室，应当是基于信息技术的学生活动中心、情感交流中心、信息获取与资源整合中心，教师由此也真正成了辅导者、引导者。

三、未来教室的基本特点

1. 教室布局大变样

传统的"教学三件套"——黑板、粉笔和教科书将被电脑、ipad等各种高科技所取代。课桌不再是常规的长方形，而是梯形，既可以组成一排，又能迅速拼成圆桌，以方便学生进行小组讨论。

2. 教师、学生定义大不同

（1）教师不仅是教师，也是"领路者"。教师不再是单方面知识的输出者，而是学生学习方向的引导员。比如，学生第一次接触全息投影，不懂这是什么，教师可以用触屏笔在电子屏上写下"什么是全息投影"等问题来引导学生们自主上网搜索。

（2）学生不再是学生，而是"探路者"，也可以是小老师。当学生遇到一个新鲜事物时，第一反应不再是举手问老师，而是使用ipad上网搜索，再与同学交换信息。自主学习可以是当一个学生探索清楚知识后，还可以当小老师，讲解给其他的同学们听。

3. 学习地点不受限

只要有网络，学生就可以通过搜索引擎、网络百科、知识社区，多渠道多维度地获取知识，学习不再是教师教学生听，而变成了一件学生完全可以自主完成的事情。学生可以随时随地进入学习模式。

教育的目的不是为了培养创客，学生成长是多元的，他们未来可能成为科学家、美术家、音乐家等。未来教室的出现更多的是在他们的心里种下创客的种子，让他们的想象力不受局限，培养他们的工匠精神和创新精神。

3D打印技术在小学创客教育中的应用

随着"互联网+"创客时代的到来，3D打印技术已成为当今时代的新潮标志，也是创客教育的新宠。3D打印技术在我国小学开展创客教育和STEM教育时发挥了重要作用，为小学生的学习方式带来新的变革。通过3D打印实体的触觉体验，可让学生的想象变成现实，达到"所思即所得"的教学效果。

在小学创客教育进程中，师生创客通过玩中做、做中学、学中做、做中创，应用3D打印技术通过动手设计和深度体验，激发了师生创客跨学科学习和创意智造的热情，从而培养师生创客的空间想象能力、创新思维能力和创造设计能力。

一、3D打印技术与创客教育

1. 3D打印技术

3D打印技术是快速成型技术的一种，是以数字模型文件为基础，运用粉末状金属或塑料等可黏合材料，通过逐层打印的方式来构造物体的技术。3D打印机是快速成型技术的一种机器。3D打印技术具有制造快速、CAD/CAM技术集成、完全再现三维效果、创造显著经济效益和应用行业领域广泛等特点。

2. 创客教育

创客教育目前还没有一个确切的定义。谢作如、吴俊杰等在2016年2月创客教育专家委员会第一次会议上通过集体讨论对现阶段创客教育给出一个新的定义：创客教育是创客文化与教育的结合，基于学生兴趣，以项目学习的方式，使用数字化工具，倡导造物，鼓励分享，培养跨学科解决问题能力、团队协作能力和创新能力的一种素质教育。

二、3D打印技术在创客教育中的应用

创客教育和STEM教育的价值在于将传统知识学习和教育实践与培养学生的

创新精神和创新实践能力相结合，都注重学习的过程、动手实操和亲身体验，主张做中学、学中做、做中创，让学生在项目学习和活动体验中发现问题、分析问题和解决问题，最终达到创意智造和实践创新的目的。

3D打印技术应用包括3D设计建模和3D打印输出两个部分。3D打印输出只是把创新设计的3D数字模型进行实体化的过程，而3D设计建模才是3D打印技术的关键环节，因此在小学利用3D打印技术在开展创客教育和STEM教育时可以参考北京市东城区的具体做法，开设3D创意设计课程——以3D设计软件和3D打印机应用为主的课程。

此类课程在义务教育阶段主要以两种形式呈现：

第一种，以专业3D设计软件的学习为基础的课程。学生在学习应用专业3D设计软件的过程中，根据不同开放性的设计要求进行探究式设计并应用3D打印机将设计模型实体化。

第二种，以简易3D设计软件的学习为基础的课程。学生在完成某项任务或项目中学会并应用简易3D设计软件的某项或某几项功能完成作品设计，并通过3D打印机将设计实体化。同时可以采用3D扫描仪进行快速3D设计，完成3D打印建模。

师生创客通过3D设计软件进行设计建模的过程中，通过对日常生活中身边遇到的问题进行观察探究、亲自体验，最后动手设计出独一无二、新奇好玩的创意作品，从而培养师生创客的空间想象能力、创新思维能力、解决问题的能力。通过3D打印机、3D软件设计和3D扫描仪的应用，来推动小学创客教育和STEM教育的进程。

1. 3D打印机与传统打印机的区别

3D打印机与传统打印机最大的区别在于使用的"墨水"不同。3D打印机常用的"墨水"有ABS树脂（丙烯腈—丁二烯—苯乙烯共聚物，英文名称Acrylonitrile Butadiene Styrene，是一种强度高、韧性好、易于加工成型的热塑型高分子材料）、PLA再生塑料〔聚乳酸，英文名称Polylactic Acid，是使用可再生的植物资源（如玉米）所提取的淀粉原料制成，具有良好的生物可降解性，是公认的环境友好材料〕，这些固体材料通过电脑程序控制，在打印头中加热变成液体后挤出，在空气中迅速冷却后又变成固体，像春蚕吐丝一样通过层层堆积，最后由3D数字模型转变为3D固体模型，完成3D打印任务。

另外普通塑料、尼龙、石蜡、食材、纸、水泥、金属或陶瓷的粉末等都可以作为3D打印机的"墨水"。在小学创客教育和STEM教育中，师生创客可以利用3D打印机将自己的想法变成现实，把各学科中的一个知识点或问题以可视化的3D打印作品呈现出来，能较好地把学科教学与3D打印技术建立有机联系。

如语文、英语学科可把课文中有代表性的人物、建筑物打印出来，帮助学生理解课文的故事情节；数学学科可把立体几何模型打印出来，帮助学生理解三维空间图形结构；物理学科可把抽象的磁力线、电力线结构图形打印出来，把无形抽象的知识有形化；美术学科可以用3D打印机制作3D艺术品，提高美术作品的创新性和观赏性；在机器人制作课程中可打印自己设计出的机器人配件，根据自己的想象发明一台新型机器人等。

因此，师生创客可以借助3D打印技术创建"体验式的3D打印技术学习中心"，让师生创客主动参与到3D打印技术应用设计的实践活动中，通过亲自动手操作3D打印机获得直接的学习体验，有助于师生创客进行自主学习、专题学习、个性化学习和探究式学习，培养师生创客分析问题、解决问题、科学探究和创新思维的能力。

2. 3D设计软件在创客教育中的应用

目前常用的3D设计软件有UG、Pro/E、CATIA、SolidWorks、Inventor、中望3D、3Done、3DSMAX、MAYA、Lightwave等。其中SolidWorks、Inventor、中望3D、3Done是3D建模软件；UG、Pro/E、CATIA除了可以进行3D建模外还有后继受力分析、优化等更强大的功能，而3DS MAX、MAYA、Lightwave主要是制作3D动漫的软件。

这些软件功能都相当强大，我们的日常生活用品和平时观看的动画片都可以用这些软件制作出来，但遗憾的是，大多数3D设计软件学起来都比较难，很多人一听到3D设计软件就有种恐惧感。为了降低使用软件的难度，可以选择3Done软件开展3D设计建模的教学，该软件的设计界面非常简洁，操作方便，简单易学，让设计的过程变得轻松愉悦，可以称其为"傻瓜式"3D设计软件。3Done是国内第一款面向中小学生的3D空间建模软件，从它的建模理论、方法和个人掌握度方面来看，具有高效建模性且简单易操作，适合小学3~4年级的学生作为认知基础。

通过3D建模设计软件的学习和体验，让师生创客尽快掌握3D建模软件的使用方法，设计出属于自己创意的3D模型。对初学者来说，3Done软件可以帮助师生创客解决3D建模设计的难题。例如，如果要设计一个简单的六面体3D模型，只需要用鼠标单击"基本实体"—"六面体"按钮，在网格面上任意位置单击鼠标即可生成一个六面体。如果要改变六面体的大小、形状，只需用鼠标拖拉或在设置参数对话框中输入相应数值即可。

3Done软件可以应用在各学科的教学模型设计中。以智能机器人设计制作课程为例，师生创客可以根据自己的想象规划机器人设计方案，机器人的结构配件和外观装饰都可以用3Done软件进行建模，生成STL格式文件，再利用ReplicatorG或Makerware切片软件将STL格式文件转换为3D打印机可识别的X3G格式文件，通过联机或SD卡把文件传送到3D打印机上，打印出自己设计的3D机器人模型，最后组装成具有自主知识产权的创意机器人。

综上所述，创客教育融合信息技术的发展，开拓了创新教育的新园地。在3D打印技术能够将电脑里的虚拟3D数字模型快速地打印出3D实物模型功能的支持下，师生创客可以将时间和精力投入到创新设计环节上，让师生创客在抽象概念和直观经验之间自由转换，使设计思路实现可视化和实体化。师生创客通过玩中做、做中学、学中做、做中创，有助于培养创新思维、创新精神和创造能力，从"思"到"造"再到"创"，让学生的想象力得到实现，进而实现创新设计和创意制造。随着3D打印技术的不断完善和进步，3D打印技术正融入我们的生活、工作和学习，3D打印技术必将成为基于创新能力培养的创客教育的重要组成部分。师生创客通过主动参与创新设计，全面细致地分析打印任务，充分发挥想象力和创造力，最终打印出个性化的创新设计作品，为教育教学服务，从而推动了3D打印技术在教育领域中的应用，为更多学校引进3D打印技术，变革教与学的模式起到示范与引领作用。

培养孩子学习兴趣的Scratch编程

Scratch是一门程序设计语言也是一个在线社区。学生可以利用它学习编程，与他人一起分享自己创作的互动式媒体作品，如故事、游戏和动画。在学生使用Scratch创作的过程中，他们可以学习创造性思考、协同工作的经验以及系统化推理的能力。

Scratch是麻省理工学院设计开发的一款编程工具，是适合少儿学习编程和交流的工具和平台，有中文版且完全免费，完全不用背指令，使用积木组合式的程序语言，让学习变得更轻松，并充满乐趣。

Scratch可以用来创造交互式故事、动画、游戏、音乐和艺术，也可以结合学生学习的语文、数学、科学、社会、音乐、体育等科目，手把手地教他们如何用Scratch设计程序（如设计一个自动写作文的程序），配合各式卡通形象，通俗易懂，寓教于乐。

学习Scratch编程关键不在于学习了某种特殊的技能，而是在这个过程中，培养了学生独立学习、独立解决问题的能力；而这个创造过程，是最让人快乐的。

一、Scratch课程与计算机课程的不同

目前中小学信息课教学多以电脑操作基本技能、常用的应用软件使用方法为主，既简单也有点无聊。而Scratch课程能充分调动学生进行创造力的探索性实践活动的积极性，是真正的"脑力冲浪"，是充满创造乐趣的编程课，是令学生惊奇的魔法。

在Scratch创意编程中，学生像一个导演一样设计大纲，像一个工程师一样构造逻辑严密的程序，像一个艺术家一样对图像、声音进行美化。

电脑编程帮助学生综合运用自己学到的所有的学科内容，学以致用地刺激其学习热情。几乎所有玩电脑编程的学生都切身体会到数学是多么有用，因为

当他们需要用计算机指令去控制一个炮弹飞起来时，每一步都需要做一些数学计算，结果使他们爱上了数学。

二、Scratch课程给学生带来创造力

1. 培养逻辑思维能力

在学习Scratch编程时，很多地方需要进行逻辑思考，学生在编写程序的过程中，在教师的指引下，会不断地进行逻辑思维的锻炼，培养和强化逻辑思维能力。

例如，在满天星绘制中，最终要求学生能绘制出彩色的五角星。在教学的过程中，需要学生明白五角星中的角度大小，只有经历一定的逻辑思维过程，学生才可以编出程序绘制出五角星。

2. 提升学生的学习主动性

在Scratch的网络社区中，学生还可以展示自己的作品，欣赏来自世界各地的学生的精彩作品，也可以和来自世界各地的学生共同完成一件作品。

社区化的学习环境可以为学生提供竞争和合作的学习氛围，这种学习氛围有利于激发学生的学习动机。所以学生在Scratch的学习中将会提升学习的主动性。

Scratch的官网上有用Scratch制作的网上博物馆及互动地图，还可以上传世界各地学生的作品。学生可以互相激励，制作更多的作品。在Scratch上甚至还可以国际合作，来自不同国家的学生可以共同合作设计一件作品。

3. 培养学生广泛的兴趣爱好

Scratch和各个领域的知识都具有很强的共生性，在Scratch课堂上，学生不仅仅会学习如何编写程序，还会学习Science（科学），Technology（技术），Engineering（工程），Arts（艺术），Maths（数学）等多个领域的知识。对这些知识的接触可以拓宽学生的知识面，也可以培养他们广泛的兴趣爱好。

例如，在电子琴制作中，就是要用Scratch编写一个能够演奏音乐的电子琴，学生能够使用自己编写出来的程序跟着乐谱演奏出美妙的音乐。在整个过程中，学生不仅进一步熟悉了如何用Scratch编写程序，也能用自己编写的程序在演奏的过程中体会到音乐的美妙，培养学生对音乐的兴趣。

4. 让学生快乐地学习

在Scratch学习的过程中，学生可以在教师的提示和帮助下设计出小游戏。学生设计出这些有趣生动的小游戏后，可以使用这些游戏来快乐地玩耍。学生

可以在这个过程中体会到自己的学习和创造给自己带来的快乐，意识到学习是一件令自己感到快乐的事情。

例如，在迷宫游戏中，学生最后可以设计出一个迷宫游戏，迷宫游戏中的人物由键盘控制。学生在设计完成之后可以自己使用键盘来操作游戏里面的人物，使人物从起点到达终点。这样既可以加深学生对所设计的程序的理解，也可以使学生在快乐中学习。

总之，Scratch软件的优势是易学且功能强大，有助于学生充分发挥自己的想象力，而在动手创作过程中，他们的学习积极性、想象力和创造力会得到极大的锻炼。学生可以用Scratch中已有的素材，发挥自己的想象力，制作游戏、动画，还可以自己设计素材。只要敢想，Scratch就能帮学生实现。

基于开源硬件的Scraino机器人编程

培养学生的创新能力是新课改的重要理念，机器人教学是培养学生创新能力的环节之一。目前，机器人教育在我国正处于起步阶段，越来越受到各级教育部门和学校的重视，各级各类机器人竞赛层出不穷。机器人教育大有推广普及之势。然而，现在很多学校的机器人教育却处于十分尴尬的境地：一方面，机器人课程并未列入常规教学，大多以竞赛为导向，以课外小组等方式开展，缺少较为完善的课程体系，普及面十分狭窄。另一方面，机器人硬件设备无统一标准，各品牌机器人设备之间无法兼容，而且价格高昂。此外，机器人厂商出于对技术的保护不公开机器人设备的技术细节，学生只能在厂商提供的若干种功能模块中进行学习，不利于创新能力的培养。

探寻一种开放的机器人硬件并设计出符合学生学习特点的机器人课程成为机器人教育普及的突破口。

一、开源硬件与Scraino机器人

开源硬件是继承开源软件的思想开发的。开源硬件的开发者将硬件所有资料公开，包括原理图、零件列表等，任何人或组织都可以使用这些资料。Scraino是一款专为中小学生设计的图形化编程软件，用它进行编程就像搭积木一样简单。它可以帮助我们实现很多想法，比如，可以让小猫翻跟头，让小猫穿越迷宫，等等。通过进行"积木"搭建，能够实现相应的编程功能，我们也可以将搭建好的程序输入到开源硬件里，实现程序对硬件的"控制"。

二、Scraino软件的简单介绍

1. Scraino和Scratch区别

Scraino软件是一款基于Scratch3.0开发的简易图形化编程工具，不仅保留了Scratch的原生形态，同时添加了Arduino开源硬件的支持，将Arduino程序语句封

装成独立的脚本，与Scratch原生脚本相结合，进行积木式搭建，实时生成C++语言代码，并配合高效的编译内核，将代码快速烧录到控制器中，从而实现对硬件设备的开发，不仅支持交互模式，实现软件与硬件之间的交互，还可以进行脱机控制，以及构建小型物联网系统，给用户带来多维的体验方式。

2. Scraino软件介绍

Scraino软件介绍如图5-4所示。

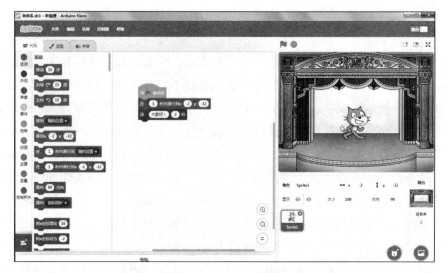

图5-4　Scraino的介绍

Scraino窗口的分区如图5-5所示。

图5-5　Scraino窗口的分区

三、如何利用Scraino机器人编程搭建脚本

制作要求:

指挥小猫从舞台边上走到舞台中央,跟大家打招呼,说: "大家好!"

制作指导:

(1)将"事件"模块中的 [当 ▶ 被点击] 拖动到脚本区中。

(2)将"运动"模块中的 [在 1 秒内滑行到x: 0 y: 0] 拖动到脚本区
已有"积木"下方,设置x、y为舞台中央位置坐标(0,0)。

(3)将"外观"模块中的 [说 你好! 2 秒] 拖动到已有"积木"的下
方,将"你好"修改为"大家好"。

(4)点击功能按钮区的 ▶ ,执行脚本,测试动画效果。

第六章

信息技术在教师专业发展中的应用

STEM教学是对教师的新挑战

一、STEM教学新挑战

STEM教育是重实践的、跨学科整合的教育理念和教育模式。我们都知道，科学和数学是较为抽象的思辨性学科，而技术、工程和艺术是贴近现实生活的应用型学科，把这几门学科的知识融会贯通，有利于激发学生的学习兴趣，增强学生对于知识的理解，完善学生的知识结构和思维方式，培养学生的创新思维和创造力。因此，STEM教育这几年在世界各国得到了高度重视，中国政府自2016年起，也开始重视STEM教育的尝试和探索。

1. STEM教育是一种探究式学习

STEM教育是基于现实生活提出问题，学生组成小组，完成相关的项目。在这个过程中，学习跨学科的知识，同时养成积极的学习态度、科研精神和团队协作能力，这对于提高学生对知识和技能的综合理解有重要的意义，对培养学生的批判性思维、提高学生的综合科学素养具有重要的意义。

2. STEM教育更加重视学习过程

通过科学的探究，把抽象的知识和生活中的实际问题联系起来，学生在团队合作中、动手实践中发现问题和解决问题。STEM教育是允许失败的，它更加注重过程，任何成功都是在无数个失败叠加之后才完成质变的。

3. STEM教育强调改革评价方式

STEM教育要把创新能力、时间管理、思考方法、沟通合作等融入学生的评价体系中，能够阶段性地检验学生的个体成长和不足，有利于引导学生跨学科学习、跨学科思维与实践，同时为我们实现多样化、个性化的教学，践行因材施教的理念提供了科学依据。

4. STEM教育强调实践途径多样化

一是要创新教学方式。首先需要提高教师跨学科综合能力和课程整合能力，这对教师的专业发展、对教师的培养培训提出新的挑战。在STEM教育中，教师要能够引导学生开展项目式学习，通过团队合作来设计、修订和完善解决方案，实现自主学习与合作学习。

二是重视深化课程改革。打破学科壁垒，重构课程结构，研发校本教材，同时建立STEM教育的实验室或者是相应的创客中心。

三是强调多样化的探索。STEM教育是一种理念，也是一种模式，但它没有一个唯一成功的模式。比如，我们可以把STEM的课程作为学校的特色选修课，为学生提供更多的选择，同时我们也可以把STEM教育融入日常学科教学中，进行多样化尝试，为学生提供更多机会。

四是强调建立协同机制。政府、学校、家庭、教育社团等要共同参与，同时强调课内与课外、校内与校外、学校与家庭、学校与社区的资源整合，以形成合力来实施这样的教育模式。

二、网络教学的新挑战

随着信息技术的发展，以慕课、翻转课堂、微课程为代表的基于互联网的教学模式应运而生，为突破学习空间和时间的局限性、促进学习者个性化的线上学习以及共享优质课程资源创造了很好的条件。同时也为促进在校学生的自主学习和合作学习、促进教师将线上教学和线下教学相互融合、改革传统的教学方式和手段创造了条件。因此基于互联网的教育信息化建设，已经成为我国教育发展的战略重点之一。

互联网技术、知识数字化技术、移动通信技术、大数据技术等的飞速发展，从根本上改变了人类获取知识的方式和渠道，知识传递的方式正在从传统的单向传递转变为多向互动。现在，在校学生获取知识的渠道非常广，绝不仅仅是在校园里、课堂上，这样一种知识传递方式的变革，对学校的冲击首先是教师角色面临转型，教师要从过去的知识传授者转变为学生学习活动的设计者和指导者，师生要形成一种新型的学习伙伴关系，这已是国内外教育界的高度共识。

一般来说，一个学生的学习过程可以分为两个阶段：第一阶段是知识的传输阶段，传统方式大多是教师在课堂上讲授，学生听讲学习、吸收知识；第二阶段是知识的内化阶段，学生要掌握、消化、吸收所学到的知识，做到融会贯通。

基于互联网的教学方式使学习过程颠倒，知识传输的过程要从课堂之上迁移到课堂之外，而且通过学生个性化的线上学习来实现。那么，在这样的背景下，教师在课堂上当然就不能以讲授为主，而是必须要引导和组织学生去探究、反思和讨论，通过学生之间的相互合作来实现知识的内化。

教学方式的这一变化对教师的发展提出了严峻的挑战，要通过构建师生学习共同体，通过教师的引导、师生的互动和学生的合作来实现教学目标，教师要能探索参与式的教学、探究式的学习，探索翻转课堂，教师要能研发网上的课程、参与线上的教学，尤其是要能把线上的教学和线下的教学进行融合。这就要求我们要进一步研究教师的规格，进一步优化培养培训的内容，教学研究组织、督导督学机构在这方面也要坚持与时俱进，要尝试去调整教学组织和教师布局，优化教学质量评价标准和教师考核标准，完善学习效果的跟踪机制和综合评价机制。

当然，需要指出的是，以虚拟现实、增强现实、人工智能技术发展为特征的先进科学技术的发展，以及它们与教育教学过程的深度融合，将为学校的教育和教师的专业发展带来新的冲击和机遇。教师一定要保持敏锐的目光，密切跟踪，同时结合学校的实际，进行多样化的尝试和探索。

学校的教育是培养德智体美全面发展的学生，培养全面发展的人，而课程教育可以把一门课程做到极致，从这个角度讲，学生的全面发展尤其是学生的一些素养的养成，如人际关系能力、社会公关能力、健全的心理素质和全面人格及团队精神等，从目前来看，还要在校园里或者通过社会实践去逐步养成，而在虚拟的环境下，还需要一个长期的探索。

所以，从这个角度讲，课程教学不等于学校教育，在这一点上，我们要保持清醒的头脑，保持严谨求实的态度，真正把功夫放在如何把线上的教学和线下的教学相融合上，放在如何改革传统的课堂教学模式及如何改善学习效率、改善学习效果上。

创客教育与信息技术课程的融合

目前风靡全球的创客教育对我国的小学教育教学产生了重要影响。创客教育运用创新的教育思想和教学方式，对培养学生的创新能力具有重要作用。该教学模式是对教育方式的一种创新。在小学信息技术课程教学中，利用创客教育的思维模式进行信息技术教学，能够有效地提高小学信息技术课程教学的有效性，为学生今后的创新能力打下坚实的信息素养基础。同时，数字化工具的使用对学生信息技术方面的知识、技能及素养要求较高，从一线信息技术教师的角度来看，有必要考虑创客教育与信息技术课程的深度融合。

一、创客教育与信息技术课程的关系

1. 对创客教育的理解

创客文化主要体现在酷爱发明创造，爱分享，爱交友，崇尚团队协作，尊重知识产权等方面。而创客教育是创客文化与教育的结合，基于学生兴趣，以项目学习的方式，使用数字化工具，倡导造物，鼓励分享，培养跨学科解决问题的能力、团队协作能力和创新能力的一种素质教育。创客教育与分学科教学的关系主要体现在两方面：一方面，创客教育需要科学、技术、数学、心理、人文和艺术等方面知识和技能的支撑，而这些主要是通过学科课程的学习获得的；另一方面，创客教育的实施不仅有助于提升学业成绩，更有助于培养学生的创新、创造能力。在创客教育实践中，信息技术起到了非常重要的"使能（enabling）"作用，使创客由不能变为可能，由小能变为大能。因此创客教育与信息技术课程必然会趋向深度融合。

2. 信息技术课程是创客教育强有力的技术支撑

数字化技术正在深刻地影响着人们的学习、工作、思维和交往，物联网、机器人、人工智能等已开始渗透到小学教育中。创客教育提倡基于学生兴趣，以项目学习的方式开展教学。学生可能对智能化项目很感兴趣，但他们在这类项目中所追求的发明创造往往必须依托数字化工具或设备（包括开源硬件、3D打印、计算机、数控机床、激光切割机等），而这些工具或设备的使用离不开对信息技术的学习。值得一提的是，编程的知识与能力在这些数字化工具的使用中有着十分重要的地位。通过编程可以驱动硬件设备，使其智能化，从而实现创意。目前的中小学信息技术课程已经开始注重编程，如山东省新版的青岛版教材增加了Scratch编程、泰山版增加了Scraino、3D打印和App Inventor的教学。此外，创客教育提倡团队协作与分享，互联网协作和分享需要学生具备一定的信息素养，信息技术课程恰可提供相关知识与技能，因此是创客教育强有力的支撑。

3. 创客教育是信息技术课程的延伸与实践

小学信息技术课程的主要目的是培养学生信息技术能力与信息素养。在低年级学段，主要学习的是信息技术基础、多媒体技术、办公软件等方面的基础知识技能。而到了高年级学段，随着学生认知水平的提高，学习重点转移到程序设计上。用Scratch设计的程序，可以与开源硬件（如Arduino硬件）相结合，从而实现机器人、物联网设备的制作，这正是智能化项目的切入点。在这一点上，创客教育与信息技术课程共通。创客教育更强调学生的创新、创造，更考验学生的综合能力，所以它是信息技术课程的延伸与实践。此外，创客教育强调的团队协作包括网上协作与网络分享，也正是对信息技术课程所学网络知识的最好实践和巩固。

二、创客教育与信息技术课程的融合

现阶段，创客教育在我国小学完全开展还有困难，主要体现为创客教育课程体系不完善；与现有模块化课程之间的融合存在一定问题；学校缺少创客空间以及硬件设备；大部分一线教师对创客教育理解不深，缺少创客型师资；学校投入资金不足，缺少持续投入等。以下仅就现阶段课程体系和师资问题，从信息技术教师的角度，提出创客教育与信息技术课程融合的建议。

1. 运用情境启发创意，注重思维创新教学

利用创客教育的思维模式开展信息技术教学，要加强对学生创新思维能力的培养。小学信息技术课程是培养学生想象力和创造力的一门重要学科。在信息技术课堂教学中，如果缺乏创新精神，没有新颖的创意，课堂教学就没有了灵魂。而要培养和启发学生的创意，就要加强思维创新教学。首先，可利用多种教学情境培养和启发学生的创意。小学生的想象力比较丰富，在信息技术课

堂教学中，利用教学情境能很好地激发学生的学习兴趣。启发学生的想象力，从而促进学生进行大胆的创意。例如，在学习五年级的"制作特效照片"这一课时，如果让学生按照书本或软件系统几种固定的格式来制作特效照片，对学生思维启发作用有限。教师可用自己参观风景区时拍摄的一些照片，先给学生讲解照片拍摄的一些创意来启发学生的思维，开阔学生思维创新的视野，然后让学生按照自己的想象进行照片的特效设计，就能使学生的创意得到启发，也能让学生的思维得到发展；其次，动手实践启发创意。动手实践是启发学生创意的重要方法，也能使学生的创意得到落实。例如，在学习"制作小板报"时，可以让学生以美丽的校园为题自主设计版面，自主选择图片和文字，自主动手制作。在制作照片的过程中，学生就能够实现自己的创意，以此提供学生创新思维的动力。

2. 任务牵引设计创意，优化课堂教学过程

信息技术课程的学习需要学生具有较强的动手实践能力，因此，教师在课程教学中，应利用任务牵引和带动学生进行创意设计。把学生的创意变成具体的作品设计，这也是创客思维教学的核心观念。要想根据任务或项目来牵引学生的创意设计，就要在教学过程中对教学内容进行优化设计。特别是要对课堂教学过程与方法进行创新，既要重视动手操作方面的教学，又要让学生在实践的过程中体会信息技术的本质内涵，让学生通过项目的创新设计来改变僵化的思维方式，这样设计的作品就有了新的内涵。例如，在学习"作品赏析与交流"这节课时，可以让学生利用PPT幻灯片来制作元旦联欢会学校演唱会的小品节目，通过这个任务来训练学生的创意设计。在设计时，要做到以下两点：一是要注重任务创意分析。教师在给学生确定了创意设计的任务后，要引导学生对任务进行详细分析，并把任务细化成小任务或分成几步来实现创意设计。通过对任务的分析，学生把任务分为录制小品、编辑小品、特效处理三个部分，然后通过分工合作共同完成创意设计；二是要注重任务功能创意设计。对任务进行创意分析后，应注重对其功能的创意设计。在小品的制作中，应根据内容设计不同的播放方式、动画效果、背景音乐等内容，为具体制作做好规划。

3. 亲自动手制作创意，加强实践能力教学

利用创客思维方式开展信息技术教学，还要重视学生的动手制作创意的能力。进行创客教育教学其目的就是要让学生把自己的创意作品变成现实，以此来培养学生的实践能力。在教学时，教师要多鼓励学生把创意变成现实作品，锻炼学生的制作创新能力。在教学中，不仅要让学生学会信息技术课程的一些基本知识和一些常用软件的使用方法，更重要的是让学生利用信息技术知识和技能进行作品的创新设计与制作。这样才能把创客教育的思维本质落实到具体的教学任务上，才能实现课程的创新教学。为此，教师可利用多种方式来实现制作创意，并培养学生的创新能力。一是，可让学生进行自主创意制作，通过学生自主创意制作来提高学生独立解决问题的能力。二是，运用合作学习的方式制作创意，对于一些工作量大、比较复杂的创意制作，可采用小组分工合作的方式来制作创意。比如，在学习课程的"成语故事集"时，可以让学生三人一组进行合作制作创意。一人进行设计版面，一人进行处理素材，一人进行美化制作。通过这样的合作来提高学生的动手实践能力。

总之，利用创客思维方式进行小学信息技术教学，就要在教学中提高学生的创新思维能力和实践动手能力，以此来提高学生的综合素质和能力，以达到素质教育的目的。

教师个人成长博客的运用

教师博客为教师提供了进行教育教学反思的新工具，教师通过博客与更大范围内的同伴交流，主动创造条件接受专家学者的专业引领，在与大家交流、沟通和分享的基础上，不断学习、完善和更新教育理念，提高教学能力，提升教育信息化素养，促进教师教育价值的实现和教师的专业发展。世界著名传播学家麦克卢汉说："每一种媒介（媒介形成）一旦出现，无论它传递的具体内容如何，这种媒介形式本身就给人类社会带来某种信息，并引起社会的某种变革。"作为信息时代新的媒介，博客也不例外，它的出现为教师提供了一个虚拟的信息交流世界，为教师的终身学习搭建了一个广阔的平台和通道。它的传播形式、传播内容，正在影响着广大教师的生活、学习、工作方式，从而为促进教师的专业发展提供了新的契机。

一、运用博客，强化教学反思

教育界很多的专家、名师尽管已经取得了很大的成就，但是他们仍然笔耕不辍，他们紧跟时代发展的潮流，用博客来抒发自己的感悟与思考。年近古稀的温儒敏、将近花甲之年的朱永新，还有中生代名师李镇西、王金战、窦桂梅、王崧舟、薛法根等都有自己的博客。博客，是人与人之间相互交流的平台。你把自己的感受写出来，他把自己的见解写出来，大家既可以相互交流探讨，也可以自得其乐。

写什么才能提升教师的专业水平、业务能力呢？教学计划、反思、总结、教学设计、班级管理等与教育教学有关的都可以写。

写博客，只是把原来写在纸上的文字搬到博客上，搬到网络上，方式改变了，但实质却并没有变。好处在于它更便捷，更易保存，更易让更多的人了解你的想法。

写博客，不是为了应付谁，也不是糊弄自己。你可以转载一些其他人优秀的作品，但没必要一味地抄袭。博客，是写给自己看的，是提高自身专业水平的有效方式。有的教师可能不擅长写文章，但你可以把它当作写日记，能长则长，宜短则短，没有绝对的要求，只是贵在坚持而已。当你渐渐地养成写博客的习惯，觉得一天不写点什么就好像缺少了什么时，这样你离自己的目标就会越来越近了。

写博客，是在逼自己思考，逼自己动手，逼自己不断地学习。只有这样，教师的专业水平才会慢慢地提高。

华东师大终身教授叶澜曾说："一个教师写30年教案不一定有效，但坚持写三年教学反思一定能成为优秀教师。"即使你成不了名师，也一定会成为一个善于分析问题、解决问题的教师。经过三年乃至更长时间的思考、练笔，你会积累越来越多的教育案例，你会掌握更多的解决问题的方法，你也会成长为一名科研型、思考型的教师。自我反思是指教师在教育教学实践中，批判地考察自我的行为表现，从而不断提高专业化水平的过程。美国的著名学者波斯纳有一个教师成长公式，即经验+反思=成长，足见教育反思在教师专业化成长中的作用。而教师写博客，是教师进行教育反思的一种非常好的方式。因为反思教学，可以发现不足，正是因为"知不足，然后能自反也"，所以教师可以通过博客平台，学习专家学者的教学理念，借鉴优秀教师的经验，找到工作和生活中的不足，发现新矛盾、新问题和新情况，从而产生进一步学习的欲望，以追求更大的进步。教师可以把博客作为网络日记，及时书写整理教学反思和叙事研究，同时也把一些心得体会与生活感悟写在里面，常写常新，不仅能够锻炼写作能力，而且也容易养成终身学习的好习惯。

教师的博客催人奋进、促人反思，它改变着教师的学习、生活、工作和交流的方式，孕育并催生出新的教研文化，为教研活动注入了新的活力。在教师专业成长的道路上，这种精神是可贵的，这种力量也是强大的。

二、运用博客，达成资源共享

虽然教师专业发展的核心在于教师个体的成长，但在教师专业发展中，封闭的环境不利于教师的发展，这意味着教师的专业发展，不是个体性的个别人的发展，而是教师群体性的发展，即教师在与同伴交流、分享与合作的过程中形成教育教学的工作和研究团队，在顺畅而广泛的交流、分享与合作中，实现教师的群体专业发展。

在教学过程中有一种非常有效的方式，就是集体备课。这一方式有助于加强教师间的交流与合作，促进各年级各学科的共同发展。但是它却存在一些明显不足，比如集体备课的范围比较小，往往只能在有限的几个人之间进行；又如集体备课只能在一定的时间里进行，不能跨时段、持续性集体备课等。而教师博客则可以弥补传统集体备课的不足。

例如，开学初，对教材的分析及教学建议是教师们迫切需要的，我们可针对这方面的资料进行大量收集、整理，并上传到博客上供大家参考；到了学期末，又可根据复习课程所需，上传期末复习的相关资料。各学科教研组根据自己的需要，通过博客集中教学资源，实现共享，可进一步提高教师的教学教研水平。从更大范围来说，教师在博客上进行集体备课可以打破时空的限制，打破地区和地区间、学校和学校间的距离，在整个教育界共享优质的教育资源。在博客中还有一个功能叫"博客圈"，在每个人的博客中都会提供同一个圈子所有博客的链接，这是教师之间资源共享的良好载体。在"博客圈"每个人的教学经验都可以被其他人学习、分享，共同学习，共同进步，使整体的教学水平都能得到提高。

博客的核心理念是分享。教师使用博客，作为一种交流工具，它可以突破时间、空间的界限，实现与本校、外校、本地、外地教育同伴的交流与合作，信息的互补性更强。在这样的平台中，参与博客的教师面对的是来自不同省区、不同学校、不同兴趣、不同能力、不同个性的教师，但他们的共同志向却是一致的，就是在交流合作中促进彼此的成长。

三、运用博客，拓宽交流空间

博客的互动性拓宽了师生交流和生生交流的范围，使学生有了更多思考的时间和空间，打破了课堂时间和计划的限制，从而学生能有更多机会从不同的角度发表见解，改变了部分学生在课堂上因认为自己考虑不周而不敢发言的情况，可以使学生充分展示自己的能力，甚至也可以引导学生家长一起参与讨论。

通过博客，教师可以与学生针对问题进行深入探讨甚至相互评价；教师还可以通过博客与家长沟通，了解学生在家的情况和家长对学校工作的意见、建议，使教师能及早地掌握有关信息、处理相关问题，以便于今后教育教学工作的开展。班主任教师可以利用博客记录学生成长过程中的故事，建立更加人性化的新型师生交流互动平台。一点一滴的记录，在给学生带来动力的同时，也会给他的人生留下美好的记忆。

四、运用博客，促进教育信息化

信息时代对教师专业发展提出了新的要求，它所表现出来的特点既是信息时代教师专业发展的内在需求，也是整个教育发展对教师提出的要求。从宏观上来看，教育信息化是一个软件、硬件、潜件共同推进的过程，但其作用的关键还在于潜件的影响，即教师应用信息技术的观念、层次、能力和水平。教育信息化的过程，也是整个教育领域信息传递的过程。这一过程在目的上与教师专业发展是统一的。因为教师专业发展是由教师的改变与发展，改善教学，最终促进学生的发展与教师个人价值的实现。而教育信息化的过程是通过"发现教育教学中的问题，经由技术的途径对学习过程与资源进行有效利用，解决问题，优化教育教学，实现人的发展，这其中既包括教师的发展，也包括学生的发展"。博客的特点之一是零技术，但不是绝对的零技术。教师应用博客的过程，是学习、应用和交流信息技术的过程，也是教师自身信息素养不断完善和提高的过程。

总之，博客在推进教师专业成长方面的作用是显而易见的，网络教研是常规教研活动的延伸、升华，教师参与教研不再受时间、地点、空间的限制。博客表现出的与普通媒体不同的特性，在很大程度上满足了教师专业发展的要求。随着对博客的深入研究和博客技术性能的改进、完善和提高，它的优势必将越来越得以显现。利用信息技术促进自身发展正成为教育改革及教育信息化对教师提出的迫切要求，博客作为信息工具，将越来越广泛地为广大教师所接受和利用。随着各级教育行政部门大力倡导和要求提高教师信息素养的形势，博客在促进教师专业发展方面必定具有更广阔的前景。

项目式学习的本质与策略研究

项目式学习（Project-based Learning，简称PBL），在美国的中小学教学中是比较常见的学习方法，近几年来在国内教育界也很火。项目式学习是一种以学生为中心的教学方式。在项目式学习过程中，学生会积极地收集信息、获取知识、探讨方案，以此来解决具有现实意义的问题。因此在项目式学习过程中，不仅仅要求学生能够应用所学的学科知识，还要懂得如何在现实生活中将这些知识学以致用。项目式学习和传统式学习方法相比，能有效提高学生实际思考和解决问题的能力。

一、项目式学习的学习本质

项目式学习首先是学习，既然是学习，就必须符合学习的一些基本特点：有目标、有计划、有评价。

1. 有目标：既包含学科知识，也包括高阶的工作方式和思维方式

项目式学习的目标既要包含学科知识，也要包括高阶的工作方式和思维方式。因此，项目式学习首先必须将国家课程标准融入其中。当然，融入的方式可以是对已掌握知识的运用，也可以是通过项目参与和体验习得新的知识。在实践过程中，许多教师由于对项目式学习理解得不深，且极力想挣脱传统学习方式的枷锁，因此，淡化了利用项目式学习帮助学生掌握学科知识这一目标。我们知道，掌握学科知识是学生学习的一个重要目标，因此，只有将国家课程标准有机融入进来，项目学习才能在课堂教学这一"主战场"上真正发挥作用、体现价值，而不囿于为课外活动或综合实践活动锦上添花。当然，除了要达成学科学习的基本目标，项目学习还必须培养学生获取信息、批判性分析信息、沟通交流、团队合作、创造性解决问题的能力。

2. 有计划：把教学目标转变为每个具体的教学环节

所谓有计划，就是要把教学目标落实到每一堂课中，转变为教学过程的

每一个环节。因此，教师首先要把项目式学习的整体目标分解到每节课、每个教学环节，并在此基础上具体设计教学情境、开发教学资源，一步步引导学生实现学习目标。比如，教师普遍认可在项目学习中需要培养学生获取信息、批判性分析信息、沟通交流、团队合作和创造性解决问题的能力，但在实际教学中却不知如何落实，只是采用粗放的小组合作学习的办法，把大部分的时间不加指导地放任学生自主安排。几个人一组合适？每个人在团队中应扮演什么角色？如何才能实现学生间的深层次的沟通交流？……这一系列问题都需要教师在教学设计中精心考虑。只有经过这样精细的计划，课堂的每一分钟才能有的放矢，教师才能对学生的学习过程了然于心；也只有这样，我们才能确保每堂课的教学目标得以实现，进而确保每个项目的最终目标得以实现。因此，成熟地开展项目学习的教师通常会提前几个月就开始进行项目策划，甚至自己亲自将项目流程走一遍，设身处地地感知学生可以深度学习的机会和可能面临的困难，并据此开发详尽的、说明书式的学习手册，使学生在不知不觉中深度了解项目学习的既定目标。

3. 有评价：围绕教育目标进行评价设计与实施

泰勒在《课程与教学的基本原理》一书中指出，进行评价的过程就是检验课程和教学的计划是否实现了教育目标以及在多大程度上实现了教育目标，即教学评价要根据教育目标来设计。项目式学习的目标强调知识和技能两大部分，因此，评价也要紧紧围绕其进行。在项目学习的实践中，不少教师学习借鉴了很多非常细致的有关小组合作、沟通交流等技能性评价指标，这是值得肯定的，但却忽视了对知识本身的评价，这是一个极大的误区。我们必须认识到，对知识的评价也是项目式学习不可或缺的重要组成部分。

二、项目式学习的项目特质

1. 真实的情境性

开展项目式学习的前提通常是由于学生在真实的学习与生活中遇到了困惑或亟待解决的问题。因此，真实的情境是项目式学习与传统学习存在的巨大差别。在项目式学习中，学生学习的终极目标不再只是学会知识，而是要学会知识迁移，在解决真实问题的过程中习得新的知识，或用所学知识解决与生活息息相关的问题。在此情况下，学生觉得所学的内容是看得见摸得着的，是与真实的生活挂钩的，而不是学完后即束之高阁。自然而然，学生学习的热情由此被点燃。这不仅有利于他们掌握、应用知识，而且会大大提升他们解决问题的能力。

2. 系统思维

系统思维要求我们对整体而不是单独的部分进行深入的思考和有效的把握，这样才能使整个系统有条不紊地运行下去。项目式学习的开展体现着系统思维的过程。要想完成一个项目，学生必须考虑很多方面的问题，如整体的探究计划、小组如何分工合作、需要调动哪些学科知识、怎样一步一步去实施、最终要做出一个什么形式的产品等。这样的系统思维有助于培养学生非定式的复杂思维能力。

3. 产品导向

产品导向要求在项目结束时，学生制作完成一个可见的产品。然而需要强调的是，项目式学习不只是要做一个产品，还要明确产品背后要达成的目标是什么，以及为什么要以这种形式制作产品。如果不弄清这个问题，那么很多人就会将重心放在制作产品上，而忽视了项目式学习本身的价值和意义。

三、项目式学习的环节介绍

在一个PBL当中，有几个非常关键的环节（见图6-1），即提出问题（Propose）、规划方案（Plan）、解决问题（Execute）、评价和反思（Judge）。教师在每个环节都要起到引导的作用，根据项目的主题、学生的表现不断调整自己的教学计划和项目的进行计划。在和其他教学方法的对比中可以看到，教师在整个教学模型中，更像是学生学习的协助者，在较为松散的课程计划中为学生提供大方向的辅导，帮助学生顺利完成项目。

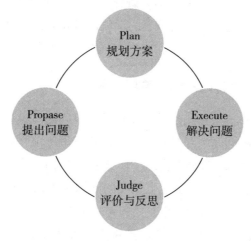

图6-1　项目式学习的环节介绍

同时，项目设计者在为学生制订一个项目计划的时候，也要考虑以下几点：

（1）重点的知识和技能：项目式学习是以服务学生的学习为目标而存在的。因此学生在完成每一个项目的时候，需要自主学习并运用标准化的学科知识培养自己的批判性思维，锻炼合作和自我管理的能力。

（2）具有挑战性的问题：每一个项目都应该引导学生提出有意义、有挑战性的问题。

（3）持续设问：应当为学生提供一个提问、寻找资源、应用信息、再进一步提问的学习环境。

（4）真实性：项目应与现实相结合，引导学生对真实世界进行思考和观察。

（5）学生自主选择：学生要在项目的完成过程中有很大的自主选择权力，包括制订计划、修改计划等。

（6）反思：教师和学生一起对所学的知识点、项目完成的程度进行评价和反思，找到可以改进和提高的地方。

（7）修改：学生通过反思中得到的反馈不断修改项目内容，或完成项目产出的迭代。

（8）公开展示：学生以各种不同的形式向班级成员演示研究的成果。

项目式学习并非是随机安排的动手操作课，而是在符合国家课程标准的前提下，精心设计的学习和教学方式，学生在做中学，学习运用跨学科知识解决生活实际问题，兼顾知识掌握（如数学、语文、科学）和能力培养（如领导力、演讲能力、合作交流能力）。研究发现，高水准的PBL有以下特征：项目是真实的、有意义的；项目与核心的学科内容及实践深度融合；提倡有意义的、富于支持性的互动；实施过程中遵循证据、吸收最佳实践。

四、项目式学习存在的问题和对策

根据前面的介绍，项目式学习主要包括提出问题（项目选题）、规划方案（项目设计）、解决问题（项目执行）、评价反思（项目展示）四个环节。教师如果实施项目式学习，就要在这四个环节中发挥作用。

（1）提出问题：设计想要学生探究的问题（可以精巧设置具体情境来呈现，服务于课程标准，也可由学生自己思考提出）。

（2）规划方案：引导学生分组，运用头脑风暴设计方案，解答学生疑惑。

（3）解决问题：确保角色分工明确，放手让学生执行本组方案（保证课堂秩序，调解可能的冲突）。

（4）评价与反思：对学生成果展示进行点评，考查是否掌握相关知识。

1. 如何降低教师实施项目学习的门槛

（1）掌握项目式学习的方法和特征。比如两个关键点：一个是引发活动的问题或难题，学生自主创造出一个成果来回答问题或解决问题；另一个是四个主要环节（Problem—Plan—Execute—Evaluate）。

（2）根据课程标准，设计项目。与传统的教学相比，设计一个项目需要从不同角度来思考，寻找学科的联系点进行综合，需要考虑如何让自己的学生沉浸其中，还需要准备各种材料，组织展览项目成果。从零开始策划一个项目可能很难，但有一些网站有几百个非常好的项目可以参考。

（3）形成教师互助团体，互相观摩学习项目式教学案例，交流分享各自项目课的经验和不足，互助成长。

2. 如何判断学生是否掌握了相应的知识和技能

项目式学习给人的印象是有趣好玩，课堂自主随意，但如何保证学习效果，避免形式大于内容是普遍关心的问题。

（1）教师设计项目时，要保证从知识点出发，明确要达成怎样的教学目标，通过设计项目情境，学生以主人公的角色参与，运用这堂课的知识点解决问题，完成项目，最后成果展示时可对照教学目标和考评量表进行评估。

（2）在项目实施过程中，通过任务量化、进度检查、中期汇报、师生对话等多种形式进行过程性评价，记录学生在项目各阶段的表现和进步。教师可以利用一些课堂记录的网络工具追踪项目进度。

3. 如何把握教师自身角色以保证学生自主探索

学生主动获取信息，探索可行方案，是项目式学习的重要特征。教师在项目实施整个过程中应扮演怎样的角色呢？项目实施前，教师是一个设计者，他需要根据学生认知水平和课程标准要求，设计项目及项目呈现的形式。当然，项目问题也可以听取学生的意见。

项目实施中，教师是一个辅助者和启发者，提供工具和方法，至于怎么用以及产生怎样的方案完全由学生自主选择。同时通过启发性提问引导学生自主探索，而不是直接回答学生的问题。学生遇到问题可以通过求助网络、同伴、家长、老师，然后形成自己的想法。另外，教师也是一个记录者，需要细心观察学生的表现和进步，耐心引导问题解决。有时也可以适当让学生自己面对挫折，想办法改进迭代，而不是急着提供方案，毕竟经历困难才能更好地成长。

项目实施后，教师是评价者和反思者，需要判断学生是否掌握了知识，是否在能力上有所提升，项目的成果是否解决了问题。同时，存在哪些不足或哪些是今后可延伸拓展的地方。

小学课堂中使用PBL的真实活动案例
我是鸟类学家

在美国加州三年级教学大纲里有这样一种描述：动物和植物的形态特征是为了帮助他们在特定环境中生存繁衍。

这个"我是鸟类学家"的PBL活动就是围绕这一教学大纲来设计的。大纲很简洁，只有这一句话，作为教师，你会怎么教这个知识点呢？

如果是传统教学方式，一般会先确定要研究哪一种动物或植物，阅读一些关于这个动植物的文章，了解这个生物在形态上有什么特别之处，这些形态特征是如何帮助该生物适应环境的，最后让学生用海报或者演讲报告的形式，把所学知识总结展示出来，如图6-2所示。

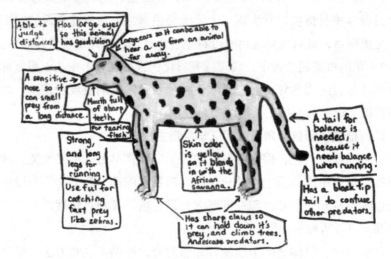

图6-2 豹子的形态特征和相应的适应环境的功能

在上面这个传统教学活动中，虽然最后的成果是一个项目——图解海报，但并不能称之为项目式学习。因为在这个过程中，并没有让学生自主解决问题。虽然形式很漂亮，但本质上依然是教师讲学生记的传统学习模式。

我们看看下面这位教师是怎么把这堂课设计成项目式的。

首先她给学生看了不同鸟类的照片（见图6-3），大家一起讨论了这些鸟彼此之间的不同之处：有的喙很尖很长，有的喙则短平；有的脚上有蹼，有的则是犀利的爪子；有的羽毛颜色鲜艳，有的则颜色灰暗。

图6-3　不同鸟类照片

在讨论完各种鸟的不同形态特征后，教师展示了这些鸟类的栖息地图片，请学生根据不同鸟的形态特征来猜测一下它们各自的栖息地。学生们进行小组讨论，写下猜测结论和分析的理由。

小组讨论结束后，全班分享各小组的结论，教师揭晓答案并讲解其中的理由。到目前为止，这堂课还和前面传统教学方法大同小异，接下来教师就正式引出了这次项目式学习要解决的问题了。

如果你是一个鸟类学家，你在某个地方发现了一种未曾被发现过的鸟（见图6-4），请画出这种鸟以及它的栖息地并为它命名。

图6-4　新物种鸟类设计的形象

这是一个开放性的问题，乍一看似乎没有明确的答案。其实在这个问题的背后，考查了这堂课所教的全部知识点。

从学生给这种新物种设计的形象和栖息地中，我们可以观察这个学生是否贯彻了"特定的形态特征帮助生物在环境中生存繁衍"这一思路。

除了给自己的鸟设计形象，学生还需要以鸟类学家的身份写一篇"学术报告"，在文章中分析这种鸟类的各部分形态特征和环境之间的联系，向世人汇报这一重大发现。这样一来，就算是在学生的画中看不出端倪，也可以从他们写的报告中了解他们是否掌握了所学的知识。

在设计自己"发现"的新鸟类时，学生可以上网查询相关信息，或去图书馆借阅书籍查找资料。这就是PBL活动中非常重要的精神之一：自主探索。

第七章

小学信息技术课程的评价

基于STEM理念的课程评价体系

为了有效评估STEM的学习效果，教师必须开发和利用一套综合的评价体系，给学生不同的表现机会，从而通过多样的评价方式判断他们的知识和能力水平。对于STEM教育来说，有五个大的方向，起始于学前教育、中小学增强STEM的教学、本科学习STEM的经验、研究生阶段涉及的STEM教育，认识未来关于STEM的发展方向。

一、STEM课程的标准

1. 必须围绕核心概念整合内容

有学科的核心概念，有跨学科的核心概念，还有工程实践，要用核心概念整合内容，这些都很重要。假如在小学开展STEM教育，那么最基本的依据就是小学科学课程标准。

2. 基于学习进阶，确定年级分布

STEM教育最重要的是所设计的核心概念，要能够和学生所学的课程联系在一起。如果学生根本就没有学过这些知识，只是死记硬背背下来，这样的STEM教育对学生的发展有很严重的影响。我们培养学生要一步一步来，就要做到以下两点：第一，能够和他所学的核心概念联系起来，第二，适合他的认知水平，是有计划、有步骤的培养人的活动。

3. 突出创新素质与STEM核心素养

科学最核心的是科学思维，技术最核心的是计算思维，工程最核心的是工程思维，数学最核心的是数学思维。任何一个学科都有核心思维，如果整个STEM教育不让学生思考，那么这个STEM就很有问题。

4. 实施创客与STEM的有效教学

要发展学生的素养，教学最核心的是思维，STEM实际上最核心的还是"做"，不是按照程序做，而是让学生去思考、去设计。如何让学生思考，以

下几点都是STEM教育最核心的要求：第一，内在动机的激发；第二，认知冲突要有矛盾，才能去思考；第三，自主建构。

课程体系具有层次性，不是一开始就做机器人或3D打印，而是从学思考到学探究再到学创新的层次，学生在最简单的情境中思考问题，进一步在探究中实现，最后在创新活动中实现。

二、基础教育测评模式构建

当前，国内外对测评模型的定义、基础教育测评模型的定义并没有明确的表述，文献研究甚少，谈论浅层化。我们认为基础教育测评模型是针对基础教育阶段并坚持基础教育的一些关键要素以及相互的关系进行定量地刻画和价值评判的一种工具、一个标准、一个数学表达式，它往往表现在五个维度上，即指标、维度、体系、测评模型、标准。

构建基础教育测评模型最重要的目的是了解学生的学习质量和身心健康，为我们的教育决策提出科学的信息、依据和建议。这一测评模型是建立质量保障体系的一个支撑，是我们国家监测中心一项重要的工作，这一测评模型、测评标准拥有诊断被监测对象存在的问题、探索差异、督导质量提升的作用。此外，这一测评模型是促使我们教育决策科学化，促进我们国家新型智库建设的重要支撑，是教育研究科学化的重要突破口。

基础教育测评模型的构建，已经形成了一个范式，一般来讲有六个步骤。第一是构建操作性，第二是提出坚持基础教育的维度，第三是找到监测对象的维度、影响因素的权重系数，第四是统计分析，第五是开发测评模型工具，第六是构建被检测对象的测评模型、数学的一个表达式或是一个数学的一种定量的测评标准，然后对其进行验证：验证它的可操作性，测量它的有效性，看其与我们专家的预判距离有多大，另外是验证它的可靠性，看它是否稳定。

这个测评模型仅仅是一个初步的探索，我们把这个应用和信息技术素养的构建，与当今中国正在关注的STEM教育联系起来，用定量的研究去探索STEM当中涉及的科学、技术、数学、工程。

三、技术增强型创新性评价

学习离不开测评，目前整个测量界呼吁更多的是形成型的测评。技术增强型创新性评价可以从技术增强型的题型切入来看，以下是对技术增强型创新性题型的一个总结。

1. 模拟题型是目前谈论比较多的创新题型

以"植物生长的条件"这类题为例，学生先要提出假设，给予学生一些诸如植物是否健康成长的可参考的信息，学生通过做实验收集数据，最后形成一个数据结论。通过这种模拟的形式给学生一个虚拟的状况，同时我们也可以达到其他的一些目的，而不被现实所限制。

2. 技术增强型创新性的另一种测量方法是游戏

让学生与游戏有互动，并不是说你设计了这个游戏就可以了，要想想为什么设计这个游戏，要达到一个什么样的目标，让学生学习到什么样的东西，还是你要测量学生的学习结果。根据学生前面打游戏的结果，这个路径可能是不一样的，如果用到学习环境或者测量环境，这就是我们所讲的自适应学习和自适应测量。

模拟评估和游戏评估把教学、学习和测评放在同一个系统里面，这种题型最大的好处是，我们可以知道整个过程，可以把整个过程的数据收集起来。我们能够知道他为什么得到这样的一个结果，通过一个什么样的过程或者路径得到了这样的结果，进行形成型的测评。

四、STEM综合素养测评系统

STEM教育有一个非常重要的点，就是所有人从小对于学习并不是那么热爱，不仅是因为考试，还因为学习的东西让学生觉得跟现实世界的联系不紧密。

小学上的自然课，到初中、高中以后分成了物理、生物、化学等相关的学科，物理、化学、生物算不算科学？算。但是我们恰恰在一开始，对于科学的认识已经产生了系统性的偏差，学生小时候爱做观察的实验进行探究，中学以后变成了完全的知识学习，而科学知识本身只是在科学当中的一小部分。

很多有想法的学生，他们恰恰知道这些知识是怎么得来的，知道怎样将这些知识进行转化应用。STEM最重要的是通过技术与工程的方式，一方面来验证这些知识是怎么迁移到现实世界当中的，另一方面，通过改造世界，又重新认识了这个世界，科学是人类获取知识其中一个非常有效的手段和方法。

STEM真正关注的是人的全面发展，所以，真正理解STEM教育的第一件事情是先"打开窗帘"。至于用什么样的方式教学、用什么样的方式进行课堂设计，这都是手段。

目前主要缺的是STEM的评价对象，实际上需要构成一个一体化的评价体系：

一是针对课程的评价，包括课程内容的评价、课程实施的评价。

二是针对教师的评价，我们如何来确认教师能够实施这个课程，包括针对不同层级的教师，从刚入门的教师能够实施，到教师能够自己设计课程，以什么样的模式设计课程，有一套标准的范式，对这个范式是怎样评价的。

三是针对学生，STEM针对的学生体系比较复杂，有课堂内和课堂外的评价，包括参加的各类比赛。

对于STEM的测评评价的对象有两种：一是课程内容的评价；二是课程实施的评价。课程目标决定课程的评价，从课程的实施情况来看课程的评价，问题主要集中在课时不够上，需要解决到底怎么教，每节课的目标怎么样设计的问题。

STEM教育下小学信息技术课程评价

　　小学信息技术是一门融知识性、趣味性和技能性于一体的学科，它着重对小学生进行初步的信息意识、信息素养和信息技能的培养。而对于学生学习情况的评价，信息技术学科不像其他学科，可以留有课后作业或经常出卷考查，这便决定了信息技术的课堂评价应多方位考虑，使课堂评价更有目的性和实效性。

　　课堂评价是教学活动中一个必不可少的环节，不同的教育教学价值观就会有不同的课堂教学评价方式，而不同的教学课堂评价方式自然会引领学生向着不同的预设方向前进，从而建构他们各有特色和侧重点的信息素养。

一、多元性的课程评价

　　在信息技术课程中对于学生的评价，以前一般是以教师评价为主，甚至有时还会忽视了评价。而众所周知，处于小学年龄段的学生活泼、好动、喜欢新鲜的事物，他们需要目标、需要导向、需要激励，我们只有不断收集学生发展过程中的信息，根据学生的具体情况，给予他们即时的反馈，才能让他们在不断的信息变换和新认知的产生中去挖掘知识的更深内涵。在现在的教材中，我们看到了很多令人欣喜的变化，比如，有类似这样的语句："请同学来欣赏"，"让他们来给你提意见"。又如，"跟同桌交流一下""比一比，看谁完成的时间短"等，这些不管是在欣赏中，还是在比赛中，都融入了他人对你的评价、他人与你的比较，在这些反馈信息中，学生的学习已不再是个体的学习，而是在潜意识中渗透了信息来源的多元化！

　　例如，在讲解"幻灯片的制作"一课时，教师为了追求所谓的"开放性"，就请一位学生到教师机上来操作，开始时没有一个学生主动举手，教师只好自己"叫"了一个。但是，到后来却有越来越多的学生举手要上来，一下子形成了一种竞争、比赛的氛围。这是为什么呢？事后教师问了几个学生，他们的回答是："那个图片我不会的，前面的××做出来了，我学会了，所以我也要把我知道的告诉大家！""他那个动画都没有，我可以帮他加上去！""我会的比他们要多！"……原来学生在无意识中，已经对前面同学的作品进行了评价，并在评价中进行了学习与改进，更想在评价中完善。一个广阔的评价平台，成了学生学习最好的台阶。

有时候对学生进行不同维度的综合评价，能比较全面地反映学生的学习状况和成果。而事实上在一个大课堂中，教师不可能面面俱到地给予每一个学生及时而有效的评价，新教材扩大了评价元，让更多的人参与到评价中来，看似微不足道，实则却是用意深刻。

二、层次性的课程评价

由于计算机在家庭生活中的普及情况不同，学生接触计算机的时间长短不一，他们在计算机操作能力方面的层次性是比较明显的。在这种情况下若是统一对待，就会产生一部分学生对计算机有一种距离感，而一部分学生却是做完了没事干，自我感觉良好，缺少更进一步探究的载体。想让不同学生在原有的基础上得到各自的发展，不得不想到层次化的评价。而想注重学生在不同起点上的提高，要针对不同层次学生的需求，在评价内容上设计不同难度的任务，以此激发每位学生都去积极思考，各自进步。

例如，教师在教学"更换桌面"一课时，为了适合不同层次学生的操作，设计了一个名为"美丽行动——装扮桌面"的文件夹，里面以"活动内容""准备出发""美丽第一站"（屏幕保护程序）"美丽第二站"（漂亮的桌面）、"美丽第三站"（自己画一幅漂亮的图作桌面）命名了5张电子卡片。在每张卡片上都写上了操作的简单导航，一方面引导全班学生以一定的速度进行层层学习，而对于跟不上进度的，或是完成速度快的学生则可以根据电子卡进行不同维度的学习。让每一位学生都尽可能在自己当前能力的基础上得到最多发展的机会。

三、多样化的课程评价

常看到很多教师在公开课中喜欢针对上课内容适时地把一些相关的小奖品奖励给学生，学生很激动，这一做法偶尔为之可以，可是从经济的角度考虑，毕竟不是长久之计。建议教师为学生建一个目录，对作品进行长期的保存会是潜意识给学生评价的一种策略。因为它能调学生一时的积极性，但怎样维持这种情感呢？在作品保存后，一方面在日后的学习中，教师适时地让学生打开以前的作品，比较有无进步，会让他们有一种"学习会带来进步"的认知。另一方面把自己的作品保存了下来，会让初学者满足小小的虚荣心，总觉得自己出了成绩，而这成绩还存在电脑里，非常有成就感，增加了下次学习的投入性。

例如，文字录入应该是计算机中比较枯燥的学习内容了，更何况刚开始学习时很多学生的录入速度很慢，而打字速度的提高是一个长期的过程，学生一下子也很难看到自己的进步，所以几分钟练习下来，大多数学生会处于一种疲劳状态。究其原因：没有成就感！刚开始时笔者也尝试让学生比一比，谁的速度快，可是激动的就是那几个打字速度比较快的学生，其他学生自感没有竞争力，疲于应对。后来笔者让学生建了一个以自己班级命名的文件夹，然后把自己每堂课的作品都以作品名和学号保存进去，一个小小的举动竟然让笔者看到了微妙的变化：很多学生在上课结束时都要反复确定有没有保存正确，要亲眼看到了才能放心地离开；还有几个学生下课时总会"依依不舍"地离开教室。他们告诉笔者："人家保存的都很长了，我才这么一点点，再"补"一点。"而当下一节课开始时很多学生都会去看看上次保存的内容，不经意间还会跟旁边的同学比一比，谁比较厉害！

没有太过夸大保存的作用，但是很明显，很多学生更投入了。因为保存下来，不只是让他们可以与全班的同学进行横向的交流、比较，也可以与自己进行纵向的比较，可以看到更多进步。而且一周两节的信息技术课，隔的时间还是比较长的，有时候一周下来，很多人甚至会不记得上节课做了哪些事，保存会潜意识地让学生在情绪上有一种延续，多一些在乎，留下的作品能让他们多一分收获的感觉。

总之，评价是学生学习的导向，评价是学习动力的来源之一，如何做好课堂、学期评价，直至更长阶段的评价，来突显评价的价值，更好地促进学生的学习和学科的发展，有待教师不断思考、不断尝试、不断完善！

小学信息技术课程评价的分类

一、依据不同评价标准的分类

依据不同的评价标准，可以对课程评价进行不同的分类。根据评价的作用和性质，评价可分为形成性评价与终结性评价；根据评价的方法分类，评价可分为定量评价与定性评价；根据评价对象的复杂程度分类，评价又可分为单项评价与综合评价等。

1. 形成性评价与终结性评价

形成性评价是指在教学活动进行过程中评价活动本身的效果，用以调节教学过程，保证教学目标的实现。其目的不是预测，也不是为了评定成绩，而是为了了解教学过程中的情况。比如，在信息技术课程教学中，形成性评价是为了测定评价对象对某一具体教学内容的掌握程度，并指出还没有掌握的部分和所存在的不足。在教学中，教师要对学生进行形成性评价，教师也可对自己的教学进行形成性评价。

终结性评价是指在某项教学活动告一段落时，对最终成果做出的评价，是以预先设定的教学目标为基准，对评价对象达成目标的情况，也就是最终取得的成绩进行的评价。

与形成性评价和终结性评价相关的还有一种评价类型，即诊断性评价。诊断性评价是在教学活动开始之前，对需要或准备状态的一种评价，其目的在于使教学计划或活动具有针对性。比如，在开始高中信息技术课教学之前，教师针对学生的信息技术基础知识和技能水平差异大的特点，对其进行辨别和鉴定，以便因材施教。

2. 定量评价与定性评价

定量评价是采用数学的方法，收集和处理数据资料，对评价对象做出一定结论，如运用教育测量与统计的方法、模糊数学的方法等，对评价对象的特性用数值描述。比如，信息技术课程教学中，教师运用上机操作测试、笔试对学生进行评价。

定性评价不采用数学方法，而是根据评价对象平时的表现、现实状态或文献资料进行观察和分析，直接得出结论。比如，信息技术课程教学中，学生平时成绩、学生作品的评价等。

定量评价和定性评价各有适用范围，各有优势。在实际操作中，我们往往将定量评价与定性评价结合起来，以求得更客观和更全面的评价结果。

3. 单项评价与综合评价

单项评价是指对评价对象某个侧面进行的价值判断，比如，对信息技术课教师课堂教学操作技能、语言技能等的评价。

综合评价是指对评价对象完整性的系统的价值判断。教学活动是一个多层次、多方面相互联系、相互作用的有机整体，将多角度多方面的评价进行综合，才能更客观公正地对评价对象做出恰当的评价。例如，对信息技术课教师课堂教学的评价，需要综合评价教师讲解、教学语言、教学方法、教学组织、课堂调控、教师对学生基础情况的了解和把握等多方面的水平和能力。

二、细化分类，使评价更有目的性

信息技术课程的特殊性在于它是一门技术性、实践性较强的学科。其教学模式是大量采取以上机实践操作的方式开始，再结合理论和实际，边教边练的方法为主。所以在信息技术的教育教学的过程中，教师对学生的课堂评价，应围绕学生的回答语言、学生的练习操作以及学生的作品完成情况等三方面进行。

1. 对学生语言的评价

在信息技术教学的过程中，教师经常会让学生对所学内容进行概括、总结，但又往往忽视了对学生的回答进行有效的评价。如当学生正确地回答了问题时，得到的是一些简单评价语言，如"你真棒""非常好"；而当学生出现错误时，则经常会被教师打断，最后索性由教师来给出正确的答案。这样做看似没有太大的问题，但从培养学生的综合素养来看是非常不可取的。如果我们能从培养学生的语言表达能力的角度出发，正确评价学生回答的语言，或许能让他们受益。

例如，当学生的回答有明显的错误时，教师应该这样告诉他："你可能没有听清老师的问题，请再思考一下，听一听别人的答案。"这样，学生就会明白他的回答是错误的，但不至于失去再次回答问题的勇气。

又如，当学生的回答是正确的，但语言支离破碎、表达不清的时候，教师不用急着帮他解释，或者请其他学生补充。可以这样告诉他："你刚才说得不错，再试一试，能不能完整地把答案重新说一遍，让大家更明白你的意思。"这样，既能让这个学生的语言组织能力得到训练，也可以让下一个学生的回答更规范。

对学生语言的评价主要有两种功能：一是诊断，二是激励。通过评价，教师一方面应当让学生能获取回答正确与否的有关信息以及相应提示，学生根据这一信息调整自己的认识，使正确的认识得以强化，错误的认识得以修正，最后使认识得以完善。另一方面，教师还需要有意识地为学生搭建起一个又一个"台阶"，既让他能带着微笑"坐下去"，又能让他满怀信心再次"站起来"。

2. 对学生操作的评价

在信息技术课堂评价中，针对学生的操作评价比较多，特别是针对学生的示范性操作。在此过程中，教师的评价常常起到引导性作用。

例如，在Word教学《插入图片》一课中的片段。

活动要求：教师先让学生看书，自学如何在Word文档中插入来自文件的图片。

教师提问：2分钟后，教师请了一位学生演示操作。

学生演示：学生很快就找到了指定位置，将图片插入了文档。

教师评价："你做得非常好，刚才看书一定非常认真！那么我们再一起来看一下，插入来自文件的图片，完整的操作过程。"

以上课堂环节，在信息技术课中很常见。从教师对学生操作的评价来看，该教师比较注重对学生的鼓励评价。但教师在此过程中还缺少对学生操作的引导。既然让学生演示操作，目的是通过这个学生的演示，对全体学生起到教学的作用，让更多的学生学会如何操作，而并非只看这个演示的学生做得好与不好。所以，在学生演示操作时，教师可以适当地给予提醒："请你把每一个操作步骤告诉大家，做得慢一点，让大家看清楚。"然后再给予鼓励："某某同学的演示已经有点小老师的风范了，大家要向他学习！"这样做可以让学生的示范操作能更有效地帮助教学，而不是成为课堂中的"摆设"。

3. 对学生作品的评价

小学阶段的信息技术很多课程都是围绕某个软件开展教学的，而检验学生学习情况的最直接方法就是评价学生完成的作品。如何评价一幅作品的好与不好？每个人的标准是不同的。所以，评价学生作品应该从促进学生的发展入手，重视学生兴趣和能力的培养，使学生能积极主动、心情愉快地进行学习，充分发挥学生的创造性和个性特长。教师应当尊重每一个学生的独立性，不要用一种统一的标准来要求所有学生。我们可以把评价的重心放在软件的使用程度上，或从美学的角度给予少许的建议，点到为止。

信息技术课堂教学评价表

一、对教师教的评价

以前评价体系是建立在传统教学价值观之下，而现代教育理论强调主体性教育。在课堂教学中只有激发学生运用科学文化知识进行自我发展的内驱才能体现主体性：其一要体现学生的积极性、自主性和创造性。要求学生的积极参与及师生的互动，教师在此过程中要转换角色，发挥指导者和促进者的作用；其二发展性意识，在课堂教学中要有利于学生的认识发展、审美的发展、道德的发展以及学习策略的发展在教学中的体现。评价教师教学效果时，不仅要看学生对知识掌握的情况，还要注意学生能力的培养和价值主体的建构。下面提出一个教师教学水平记分式考核评价标准（见表7-1）仅供参考。

表7-1 信息技术课堂教学教师评价表

评价项目	评价要点	权重	赋分
教学目标	1. 能够让学生掌握本课基本知识、技能（5分）	10	
	2. 教学过程合理，教学、学法运用恰当（3分）		
	3. 在教学中进行德育、美育渗透（2分）		
教学内容	1. 教学内容系统性强，有较强的逻辑关系和外延（10分）	20	
	2. 教学内容科学、严密，思想性强（10分）		
教学过程与方法	1. 教学过程整体设计合理，时间分配得当（5分）	40	
	2. 对学生进行德育、美育、个性品质培养（5分）		
	3. 认真组织教学，师生关系融洽（5分）		
	4. 体现三维目标，因材施教（5分）		
	5. 运用合理的教法，指导学法（5分）		
	6. 课堂气氛和谐，学生、教师之间进行恰当的反馈、评价（5分）		

续　表

评价项目	评价要点	权重	赋分
教学过程与方法	7. 教学手段运用恰当，媒体运用得当（5分） 8. 检测教学目标是否完成（5分）	40	
教学能力	1. 教学使用普通话，语言简练（5分）	20	
	2. 教态自然，应变能力强（5分）		
	3. 板书设计科学、合理，能起到概括全文的作用（5分）		
	4. 操作规范（5分）		
教学效果	1. 教学质量（4分）	10	
	2. 教学效率（3分）		
	3. 测试成绩（3分）		
合计			
综合评价	很好（90~100分）　好（80~89分）	一般（60~79分）	较差（59分以下）
等级			

二、对学生学的评价

不少教师以为评价就是考试或分数，事实上考试与评价有着本质上的区别：在指导思想上，评价的目标是改进或建议，而不是鉴别或选拔；在方法和技术上，评价不只是单纯的定量分析，而是定量分析和定性分析相结合；在主体上，评价的主体不仅是学生个体，也可以是学生群体，而且可以是教师个体或群体等；在对象和范围上，评价从知识掌握程度检查，扩展到整个教学领域，包括学生掌握知识过程的评价和对教学过程的评价、学生对知识的运用能力等。根据信息技术学科的特点，对学生学的评价应由情感态度评价和考试评价两部分组成。

1. 情感态度评价

信息技术教学过程中的情感态度，一般是指学生对信息事物所表现出的感情指向和情绪体验，如感兴趣、爱好、兴奋、满意，或者讨厌、排斥、没兴趣、不高兴等。情感态度对信息技术学习成败起着关键性作用。在这个过程中可采用如下评价方式（见表7-2）。

表7-2 情感态度评价表

情感态度	评价要点	组员1	组员2
学习习惯	1. 无故迟到或缺课（上机和理论）（-2~0分）		
	2. 上课无故讲话、大声喧哗，不认真听讲，影响课堂纪律和其他同学学习（-3~0分）		
	3. 不经教师允许使用外储设备（-2~0分）		
	4. 擅自玩游戏或做与学习无关的事（-3~0分）		
	5. 删除或擅自偷看、修改他人文件、资料，侵犯他人隐私（-5~0分）		
	6. 故意破坏机房设备或窃取学校财产（-5~0分）		
	7. 故意使机房感染病毒（-5~0分）		
	8. 课堂上吃零食或口香糖（-2~0分）		
	9. 积极参加学科竞赛在校、区、市级（0~5分）		
	10. 课后帮助整理机房（0~3分）		
	11. 上课发言特别精彩，作品优秀的（0~3分）		
	12. 无故不完成布置的作业和任务的（-2~0分）		
自主学习	13. 上课不带应带的学具或鞋套（-2~0分）		
	14. 擅自进入游戏厅、网吧（-10~0分）		
	15. 课堂善于质疑，提出的问题有深度、有价值（0~2分）		
	16. 每次自觉预习教材知识，表现突出（0~2分）		
	17. 对信息技术有浓厚的兴趣，积极参与多种信息技术兴趣活动（0~2分）		
	18. 课外认真实践并取得一些成果、创作的作品有创意和有突破的（0~2分）		
	19. 积极参加社会调查和实践（0~2分）		
	20. 其他		
合作学习	21. 主动帮助他人学习，辅导他人上机（0~2分）		
	22. 自觉维护课堂纪律，经常帮助他人改正缺点（0~2分）		
	23. 在合作小组中，能够起领导示范作用，表现突出（0~2分）		
	24. 积极参加小组讨论和交流（0~2分）		
	25. 在学习中自高自大，好高骛远，讽刺挖苦他人的（-2~0分）		
	26. 在合作小组中不与他人配合，表现极差（-2~0分）		

情感态度	评价要点	组员1	组员2
合作学习	27.在合作过程中不遵守纪律或无故不服从组长安排（–2～0分）		
	28.其他		
注：填写时，对部分小组长不能决定的、由本小组讨论决定给予加分或减分。			
		小组长（签名）：	

2.考试评价

经调查发现，如今信息技术课对学生的考试评价方式一般有两种：笔试和上机操作考试。在这两种方式中，学生都处于被动地位，不能充分激发学生学习的积极性，更不能体现学生的主体性。为了真正地发挥考试的导向、调控和激励功能，要改变传统考试方式，真正地让素质教育走进课堂。对学生的信息技术课的考试应以注重学生主体在整个教学活动中是否主动参与、主动探究，是否实现了主体发展，是否有利于学习能力、实践能力、探索能力的提高为出发点，根据信息技术课的特点和各章节教学内容及平时操作技能的训练，改变一份试卷考学生的传统做法，通过多方面以各种各样的方式综合评价（见表7–3）。

表7–3　学生作品评价

		等级水平			
		超越期望	符合期望	接近期望	需要提高
评价方面	原创性	运用技术技能制作出有难度的原创作品，反映了自己独特的富有创造力的想法	运用技术技能制作出一幅原创作品，体现了自己的想法	运用技术技能制作出部分原创的作品，反映一些自己的想法	几乎是复制了样例或其他人的作品
	必备要素	能完成学习目标中的学习任务，并能按制作要求认真检查，并尝试一个或多个挑战内容	能认真完成作品中应具备的要素	能完成作品中的部分要素	能完成作品中的一部分要素
	技术技能	作品中表现出自己善于使用制作作品所需的技术技能及其他技能	在制作作品中会使用需要的技术技能	作品中表现出自己还需要提高制作作品所需技术技能	作品表现出还需要他人帮助才能完成作品
	表达能力	能创造性地完成作品，对作品的各个方面都能清晰地表达，让欣赏者能看懂作品内含及表达的信息	基本完成作品，对作品的各个方面都能清晰地表达，让欣赏者能看懂作品	完成大部分作品内容，作品部分地表达出要传达的信息	作品没有完成，妨碍了信息的表达

		等级水平			
		超越期望	符合期望	接近期望	需要提高
评价方面	合作能力	在制订小组计划、动手操作、认真检查、交流分享四个阶段，能一直以团队的形式一起工作，努力完成自己的工作任务，并能相互帮助	在制订小组计划、动手操作、认真检查、交流分享四个阶段，能一起工作，努力完成自己的工作任务，并在部分时间里相互帮助	在制订小组计划、动手操作、认真检查、交流分享四个阶段，有时一起工作，努力完成自己的工作任务，有时能相互帮助	在制订小组计划、动手操作、认真检查、交流分享四个阶段，不一起工作，只能自己完成任务

小学信息技术课程评价方案

一、评价目的

掌握好信息技术的基本知识和基本技能是当今时代对学生的迫切要求。为了在信息技术教学中，以教师为主导，发挥学生的主体作用，引导学生进行探究性学习，培养学生的创新精神与实践能力，需要对学生的学习情况、操作技能转变的情况进行评价，以促使学生在信息技术课的学习中养成良好的行为习惯。通过评价激发学生的学习欲望，促使教师反思和改进教学方式，适应学生的年龄特点、心理特征和思维需求。

二、评价原则

1. 评价方法多样化

信息技术课不能只凭借书面测试和操作技能评价学生，要运用多种方法进行教学评价，如面试、口试、课堂观察、课后访谈、竞赛、操作性考试等，充分发挥评价的激励作用。

2. 评价时间全程化

信息技术课的教学评价不能仅在学习过程结束后进行，而应该伴随于教学的全过程，既要有终结性评价，更要注重过程性评价。要重视学生在每一阶段的学习表现，及时总结，及时进行评价。

3. 评价主体多元化

要注意教师的评价、学生的自我评价，学生间的互相评价相结合，让学生家长和社区有关人员参与评价过程，构建学校、家庭、社会各界共同参与的评价体系。

三、评价内容

信息技术课重点考核学生的基础知识、操作技能、实践能力、合作意识。

学习评价分为认知能力评价和操作实践能力评价。

认知能力评价，是评价学生在小学信息技术课教学内容要求的范围内，对有关信息技术内容的认识和初步理解能力。各年级的考查范围，应根据教材所规定的内容和要求来确定。

操作实践能力评价，是评价学生在小学信息技术课教学内容要求的范围内，在认知基础上的操作能力和实践能力，并把信息技术的学习与其他学科的学习有机地结合起来。

四、评价地点

计算机教室。

五、评价人员

信息技术教师、班主任、学校网络管理员。

六、评价方法

小学信息技术期末学习评价主要采用课堂观察评价（20%）、过程性评价（40%）、上机考试（40%）相结合的方式。具体评价细则如下：

1. 课堂观察评价（20%）

（1）上课认真听讲，认真思考，努力学习，形成正确认识。（4分）

（2）积极参与讨论，主动探究新知，勤于动手动脑，有创新精神。（4分）

（3）上课注意安全用电，爱护公物，遵守课堂纪律。（4分）

（4）讲究卫生，爱护环境，保持机房干净、整洁。（4分）

（5）与本组成员合作密切，共同完成本节课学习任务。（4分）

2. 过程性评价（40%）

（1）掌握信息技术课的基本内容，热心参与，细心探究，学会每一章的操作知识。（8分）

（2）目标明确，积极大胆动手操作，操作得当。（8分）

（3）积极参与本小组学习，互相配合，互相学习，共同进步，团结协作，共享信息资源。能运用各种沟通的方法进行交流与合作。（8分）

（4）有学习的愿望与兴趣，对学过的课本内容有正确的认识和理解，能运用所掌握的知识技能解决实际问题，具有探究和创新精神。（8分）

（5）对学习知识和操作有积极的态度，能与本组成员密切合作，自觉遵守

课堂纪律，不妨碍他人学习，爱老师、爱同学，乐于助人。（8分）

3. 上机考试（40%）

上机考试的作品评分标准见表7-4。

表7-4　上机考试的作品评分标准

分值	格式	内容	主题	创意
40分	格式正确	内容完整	主题鲜明	创意新颖
30分	格式正确	内容完整	主题鲜明	创意较新颖
20分	格式基本正确	内容较完整	主题明确	无创意
10分	格式不正确	内容不玩整	主题不明确	无创意

七、评价结果

根据学生各项成绩，分出等级。成绩等级划分标准如下。

优秀：90～100分。

良好：80～89.5分。

及格：60～79.5分。

不及格：60分以下。

第八章

信息技术多元化教学案例

小学STEM课程教学设计模式

　　STEM教育并不是科学、技术、工程和数学教育的简单叠加，而是强调多学科的交叉融合，以更好地培养学生的创新精神与实践能力。近年来，许多教育工作者通过创新授课，把生动有趣的STEM课程带入课堂。STEM是一个跨学科的、需要学生自主完成项目的学科，课程设计也应围绕综合素养培养目标，根据STEM教育的设计理念，可有针对性地设计出基于问题情境、跨学科的STEM课程的教学设计模式，如图8-1所示。

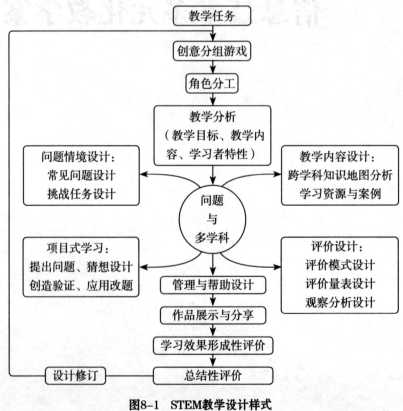

图8-1　STEM教学设计样式

一、问题情境设计

杜威说："思维起于直接经验的情境。"建构主义也认为，学习是在情境中产生的。STEM教育是建构主义学习理论指导下的教学实践，问题情境的创设激励学习者强化对知识的意义构建和迁移运用，学生的动手实践能力和创新创造能力得到充分提升。面向创客培养的STEM课程的问题情境设计包括设计目标、设计原则和设计模式。

1. 问题情境设计目标

（1）激发学习兴趣和求知欲。第斯多惠说过，"教学的艺术不在于传授的本领，而在于激励、唤醒和鼓舞"。新颖有趣的情境，有目的、有设计的预设问题可吸引学生注意力使其产生学习兴趣，提升学生的参与感和体验感，使课堂鲜活。

（2）支架式教学，深入理解。支架，即建筑外的脚手架。支架式教学指在他人的协助下能够解决一个自己难以解决的问题、完成一个自己难以完成的任务或者实现一个自己难以实现的目标。STEM课程的跨学科性质，给学生带来较大的认知负荷，而情境教学通过提供合适的学习资源，由浅入深提出启发性的问题，为学习者完成学习挑战提供了新思路。

（3）创新能力的培养。STEM项目学习中，教师通过创设真实复杂的问题情境，激励学习者从不同角度思考，发挥想象和联想，运用多种方法解决复杂问题，拓展学生思维的深度和广度，从而激发学生创造性，实现从培养项目学习能力到培养创新能力的转变。

2. 问题情境设计原则

学习者在丰富的社会生活情境中，通过在多种情境下知识、技能的迁移运用，才能建构自己的知识结构，激发发散思维和创新思维，综合运用知识解决实际问题，达到迁移学习和深度学习的目的。因此教师在设计STEM教育项目时，一方面要创设能够引起学生的认知冲突的真实情境，激发学生强烈的探索欲和学习兴趣。另一方面需要解决的问题是劣构性、不完整性、开放性，激发学生学习解决问题的动机和社会责任感。此外，问题情境的设计还要适当融入跨学科的理念。

3. 问题情境设计模式

根据STEM课程的教学设计模式特征、问题情境设计的目标和原则，设计问题情境模式如图8-2所示。

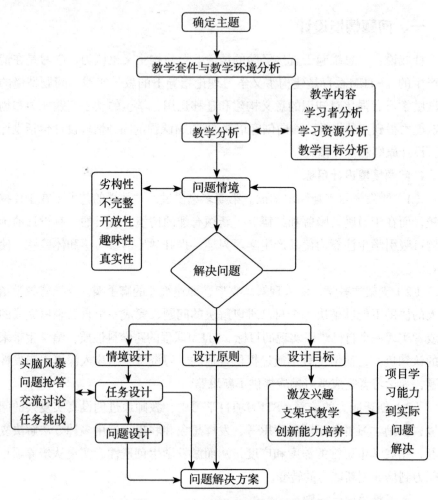

图8-2 STEM教学问题情境设计模式

二、跨学科教学内容设计

跨学科教育的学习成果包括学科基础知识、技能整合与开阔视野、团队合作、跨学科沟通交流、批判意识。真正的跨学科融合应该是通过"横向纵向结合"的全方位、立体式教学模式，实现学生知识、技能、情感、态度、价值观的全面发展。

1. 横向知识性多学科融合

针对同一主题，结合教材梳理各学科相关知识点并根据其对深化主题的作用进行教学内容设计。为了厘清各学科知识的关系进行跨学科组合，可以通过绘制知识地图，为整个课程知识均衡覆盖提供基础。横向知识融合时，各学科仍旧保持其独立性，但要注重不同科目教学内容的教学比重和安排顺序。例如，物理学科涉及"速度""路程"的计算时就需要学生预先掌握数学中相关计算概念和方法，教师需要将数学和物理知识进行整合，将数学计算的教学安排在物理学习的前面。

2. 纵向活动性跨学科融合

教师将涉及的知识点进行精心设计，并融入教学活动设计中，实现"做中学"。从学习者兴趣的激发、跨学科融合、教学活动的丰富三个方面着手，就机器人编程教学活动的设计进行研究分析，提出合理可行的设计策略。例如，在教学活动中，创设故事情境时设计知识抢答环节，引导学生思考，学生对问题情境充满兴趣且能运用所学知识回答问题。进行深入的理解时，就可以通过独立思考激发学习者的发散性思维和批判性思维，有利于教学实践的顺利开展。

三、教学评价设计分析

开展科学有效的评价是研究者和教学实践者的一致诉求，不同于传统教学成绩的单一评价模式，STEM教育主要是对学生的团队协作、问题解决能力和创新意识进行评估。在对学生学习表现和效果进行全方位的评价时，应以过程性评价为主，总结性评价为辅，并结合多元化评价方式，如教师对学生的评价，学生之间相互评价，学生自己对自己的评价。

1. 过程性评价

过程性评价是新课程实践的基本要求。从评价目的来说，教师主要根据课堂记录评估学生在学习过程中表现出的STEM素养、实践能力和探究意识。评价方法上具体采用积分制记录每个小组在回答问题、完成挑战、作品创意、遵守纪律、参与度、积极性等方面的表现。此外还可以采用课堂作业、随堂测试等方式。从评价的作用来说，过程性评价不同于总结性评价，其根本目的在于充分发挥其监督、导向和激励作用。行之有效的过程性评价组织策略与方法，能全面提高课程实施质量，增强学习效果。

2. 总结性评价

在教学活动结束之后，教师通过总结性评价对学生的预期学习效果进行检验和总结，可提高学生对学习内容与学习目标的认识，激发他们反思学习的能力。STEM教育不同于传统学科的考试机制，它主要采用学习报告单、教师评语、问卷调查等方式结合其他评价，对学生的学习和综合发展情况做出鉴定。

3. 多元化评价

只有从多元的视角出发对学生进行评价，才能使评价发挥其诊断、鼓励、促进的作用，评价真正的价值也才能得以体现。学生间进行思维碰撞并客观公正地对其他小组的作品进行投票，小组之间互相评价，倡导课堂内外学生自主、合作学习，课堂内外相互交流，引导学生进行生生互评，这也是重要的能力培养策略。学生自评主要是对自己的表现进行反思。要不断反思自己的元认知，认真总结自己习得的新知识，形成积极的自我观念，对学习充满信心。在本模式中，不再沿用传统教学的"满堂灌""一言堂"，课堂的大部分时间交给学生自主探究。学生以小组为单位，根据问题情境进行头脑风暴、提出猜想、验证假设、应用修改和学习成果分享。教师是引导者和陪伴者，对学生的作品进行评价并组织学生分享、讨论。从教学效果来看，多元化评价很好地解决了上述STEM课程教学设计中存在的问题。

《有趣的自选图形》教学设计

【教材分析】

《有趣的自选图形》是泰山版小学信息技术第二册（下）第二单元第11课的内容。主要内容是自选图形的使用，是本单元的重点，也是对上一节课知识的深化，本课为学生进行创作提供了较为完整的知识构架，给学生提供了一个"将我所学，为我所用"的广阔空间。

【学情分析】

信息技术的特点决定了在教学中必须"立足基本操作，渗透基础知识"，从这一学生喜闻乐见的信息处理任务出发，引导学生由易到难完成任务，以培养学生对信息技术课的兴趣，使学生具有获取、传输、处理和应用信息的能力。本课是一节实践性很强的操作课，是对前一节知识的深化，注重对学生的创新能力、探究能力的培养。四年级的学生正处于思维、智力高速发展的时期，已具备了初步的抽象思维能力和观察能力，能够充分发挥学生的主动性，更好地完成教学任务。

【教学目标】

1. 知识与技能目标

使学生掌握插入自选图形的方法与操作步骤，学会改变自选图形的大小和颜色以及叠放次序和组合方法。

2. 过程与方法目标

在教师创设的情境中，学生完成感兴趣的任务，体现快乐学习的目标；同时培养学生的想象力、观察力和动手操作能力。

3. 情感态度与价值观目标

通过对实例的具体操作，培养学生爱护地球、保护环境的思想情感。

【教学重点】

本课的重点是自选图形的插入方法以及大小、位置、颜色、格式的设置。

【教学难点】

本课的难点是自选图形的组合方法。

【教学方法】

教学主要采用任务驱动教学法，以指导学生完成一个个具体的学习任务而开展课堂教学，以综合对比、总结归纳、微课演示等形式贯穿整个教学过程。

【教学过程】

一、创设情境，激趣导入

师：同学们，我们一起来欣赏几幅老师制作的图形，请大家看，这是什么图形？（国旗）这又是什么图形？（奥运五环）……

师：请同学们猜一猜，这些图形老师是用什么工具做出来的？（生："自选图形"）是用Word绘图工具栏中的"自选图形"做出来的。"自选图形"就像一个魔术盒，它简单、实用，能绘制出各种各样精美的图形。今天，我们一起来学习有趣的自选图形。（出示课题）

设计意图：通过欣赏教师制作的自选图形，激发学生的学习欲望。

二、自主探究，学习新知

任务一：插入自选图形

师：下面请同学们打开插入"自选图形"文件（见图8-3），参照课本和老师给你的自学小助手，自己尝试插入椭圆形标注，并输入文字。

我爱家园　　　　　　保护环境

图8-3　自选图形文件

教师巡视指导。

学生上台边操作边解说，教师点拨。

师：想一想，如何调整图形的大小、位置和指向？

生：边解说边演示。

师：请同学们看，把鼠标放到绿色的小圆圈上，调整方向，然后放到黄色的菱形方块上，可以调整指向。按住Ctrl键+方向键，会出现什么效果？

（微调）（课件展示）

师：你太聪明了！不但操作熟练，解说也非常清楚。

师：下面请同学们自己调整一下，让标注图形指向小熊猫，提醒小熊猫要

"爱护家园"。

师：试一试，如何给爆炸型图形插入文字？

师：这是老师插入的一个爆炸型图形，老师想插入文字，没有插入点的光标，怎么办？

生：把鼠标放到图形上，右键单击"添加文字"按钮，在图形中单击就可以输入了。

师：在自选图形中，只有标注直接出现插入点，其他图形都不直接出现。

任务二：修饰自选图形

师：如何给自选图形填充上合适的颜色呢？

播放微视频演示。

学生动手实践。

设计意图：任务驱动，明确学习目标，引导学生自主学习自选图形的插入、修饰及位置的调整。

三、"低碳生活"创意行动

刚才同学们学会了图形的插入和修饰，下面我们来举行一场"低碳生活"创意闯关比赛，检验一下同学们的学习情况。

这个活动共有三关，同学们在闯关中要互帮互助，共同完成任务。

第一关：修饰图形

任务要求：给禁止符填充上合适的颜色。

现在雾霾天气越来越多，空气污染越来越严重，造成空气污染的原因有很多，如吸烟、汽车尾气等。吸烟危害性很大，老师制作了一个禁烟标志（见图8-4），没有填充颜色，请同学们帮它填充上合适的颜色。

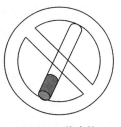

图8-4　禁止符

师：微视频演示，同学们看明白了吗？下面请同学们打开闯关一，自己尝试修饰图形。

第二关：调整叠放次序

任务要求：把绿树图形（见图8-5）"贴"到环保袋上。

师：播放微视频，直接移过来不行，环保袋就会被挡住了，用什么方法能使绿树图形贴到环保袋上？

师：下面咱们先小组讨论，然后再动手操

图8-5　绿树图形

作，请同学们迅速围到组长旁边，由组长带领大家共同找出解决的办法。

完成后展示学生作品，翻到下一页演示。

第三关：图形的组合

任务要求：这是一款组合风力充电的手机模型，请你组合成一个能自由移动的手机模型（见图8-6）。

图8-6　组合风力充电的手机模型

师：（微视频演示两种不同的方法，组合成功后，验证一下，看它是否能成为一体）同学们看明白了吗？下面请同学们围到组长旁边先讨论，然后再做。

设计意图：巩固所学知识，让学生灵活运用，培养学生的团队合作能力，在合作学习中感受小组合作的效率和成功的乐趣。

四、综合运用，大显身手

师：刚才同学们学会了很多本领，接下来让我们大显身手，为低碳环保贡献一份自己的力量。下面我们来进行环保袋创意设计大赛。

要求：用今天所学的知识，创作美观、实用的环保购物袋。

学生发挥自己的创意，开始创作，教师巡视指导。

设计意图：让学生以日常生活为切入点进行创作，学以致用，回归生活，综合训练学生的创新思维能力。

五、作品展示，交流评价

学生相互欣赏作品，并进行互评。

展播优秀作品，并进行赏评。

设计意图：让学生学会对作品进行赏析、评价，为自己的创作成果而感到自豪，进一步激发学生的创作热情，内化技术价值，升华体验。

六、梳理总结，德育渗透

师：这节课你学会了什么？有什么收获？今天同学们用实际行动参与了低碳环保活动，为了减少白色污染，我们倡议使用环保袋，同学们一定要大力宣传。希望同学们积极行动起来，从身边点滴的小事做起，做一个真正的爱护地球、保护绿色家园的环保小主人！

设计意图：巩固本课所学知识，与德育整合，教育学生保护环境，爱护家园。

【教学反思】

整个教学设计中，我感觉比较成功的是，改变了学生学习的方法，学生由被动接受变为愉快地自主学习，体现在自主、合作学习中，我没有把教学任务一一讲解，而是让学生自主完成任务，达到了学生在看中学、练中学、练中固的教学目的。

本课的教学体现了以下几个特点：

第一，体现了任务驱动与分层教学的思想。本课以环保为主线，分层突破三个小任务，让不同层次的学生都能完成各层的教学目标。

第二，教学设计具有实用性和拓展性。根据本节课的教学内容，我设计了一个自选图形的学习网站，为学生提供了自主学习的平台。在网站内容的安排上，既照顾了那些接受能力一般的学生，又兼顾了学有余力的学生，满足了各类学生的需要。

第三，学生的环保意识得到了进一步培养。学生在教师创设的情境中兴趣盎然，学习氛围非常浓厚，学生不但掌握了自选图形的使用与创作方法，而且学生内心也受到了情感触动，都想做一个环保小主人。

【教学点评】

（点评人：临淄区信息技术教研员王秋霜）

本节课任务设计案例典型新颖，思路连贯，体现了教师的智慧，教材内容挖掘处理得非常到位，学生在探究中体验成功的喜悦。在整个教学设计中，以学生的兴趣为出发点，通过展示、比较、探究、交流等环节，培养、提高学生观察、分析、评价、回忆及问题解决的能力。任务设计由浅入深，层次清晰，课堂上探究、和谐、创新、活跃的学习气氛令人印象深刻，营造了良好的学习氛围。

纵观整节课，教师引导和学生自主学习相辅相成，给学生提供了充足的时间进行探究学习，注重学生创新思维能力的培养，充分挖掘学生的潜能，引导学生去探索，教会学生怎样学习。本节课还注重了学科整合和德育渗透，教育学生爱护地球，保护地球。

（执教本课获市教学能手称号，并被推荐参评省教学能手评选）

《多姿多彩的艺术字》教学案例

【教材分析】

《多姿多彩的艺术字》是泰山版小学信息技术教材第二册（上）第三单元最后一课的内容。本课重在让学生掌握艺术字的插入方法、艺术字的大小、位置及形状的调整方法及艺术字在生活中的广泛应用。"艺术字"工具栏的灵活使用是本课教学的难点。

【学情分析】

四年级学生对Word的操作方法已经有了一定的基础，特别是前一节课学习了图片的操作后，为艺术字的学习打下了基础。本节课虽然在内容上较独立，但操作、学习方法与图片是相似的，因此学生学习起来比较容易掌握。

【教学目标】

1. 知识与能力目标

通过制作《邀请信》，让学生了解艺术字的制作方法，通过制作《中国结》《对联》《艺术扇》，让学生对"艺术字"工具栏能够灵活运用，并能把所学知识运用于生活，锻炼学生综合运用所学知识的能力。

2. 过程与方法目标

通过任务驱动的教学方法，培养学生审美与观察能力，自主探究学习能力、自我创新的能力以及对信息的获取、加工处理和创新设计能力。

3. 情感态度与价值观目标

激发学生对信息技术学习的兴趣，在学生之间的交流合作学习中，培养他们互相帮助、共同讨究、团结协作的良好品质。通过课堂展示、评价激励、体验收获的乐趣。

【教学重点】

让学生掌握艺术字的插入方法和"艺术字"工具栏的使用。

【教学难点】

"艺术字"工具栏的使用。

【教学过程】

一、创设情境，激趣导入

师：同学们，今天，老师给大家带来一位新朋友，大家看，它是谁？（米老鼠）对，大家喜欢米老鼠吗？知道迪斯尼乐园吗？告诉大家一个好消息，迪斯尼乐园已经在上海安家了，米老鼠给大家发来了一封邀请信，大家请看（出示课件）。

师：同学们想不想去？谁想去请举手？（学生举手）大家都想去啊？可是邀请信只有一封，怎么办呢？没关系！我们可以自己制作邀请信。

师：请大家看，邀请信的标题和下面的文字有什么不同？哪位同学知道请站起来回答。

师：标题颜色更加漂亮，形状也很独特，这样的文字我们称为"艺术字"。这节课我们来学习《多姿多彩的艺术字》。（板书课题）

设计意图：通过播放学生喜爱的卡通人物米老鼠，激发学生的学习兴趣和好奇心，通过对比《邀请信》的标题和正文的不同，引出本课的学习内容。

二、自主探究，学习新知

1. 插入艺术字

师：下面请同学们打开桌面上"艺术字"文件夹中的"邀请信"，根据老师发给你的"自学小助手"，自己尝试插入"邀请信"三个艺术字。（课件出示自学小助手）

学生动手制作"邀请信"三个艺术字，教师指导巡视。

师：找一学生上台演示艺术字的制作过程。同学们想一想，插入艺术字还有没有其他的方法？哪位同学上来给大家演示一下？

2. 调整艺术字的大小和位置

师：刚才插入进来的艺术字大小、位置合适吗？（不合适）怎么来调整一下呢？哪位同学上来调整一下？

师：艺术字是一个整体的图形，单击鼠标左键选中，在它的四周就会出现8个正方形的小方块，将鼠标指针移动到任意一个小方块上，按住鼠标左键拖动，可以调整艺术字的大小，当鼠标指针变成十字箭头状时拖动，可以移动其位置。

师：艺术字的调整方法和图片的操作方法是一样的。对艺术字进行操作，必须先将其选中，然后才能操作。

师：请同学们自己动手试一试。

学生动手尝试，教师巡视指导。

3. 修改艺术字

师：如果我们想改变艺术字的样式，如何进行操作？

师：单击"邀请信"按钮，就会显示"艺术字"工具栏，工具栏中有许多按钮组件，每个按钮都有不同的功能，我们可以利用这些按钮对艺术字进行编辑、修改、美化。

师：单击"文字"组件，可以修改文字的内容、调整字体、字号、排列格式等，单击"艺术字样式"组件，可以变换艺术字的样式。工具栏中还有许多按钮组件，请同学们自己探究一下它们的功能。

学生自主探究，教师巡视指导。

设计意图：让学生在自主探究学习中掌握知识点，并在学习过程中发现问题、提出问题、解决问题，在动手操作过程中深化知识内涵。

三、综合实践，创新运用

师：同学们学会了设计艺术字，接下来愿意帮助米老鼠学习中华文化的三个愿望吗？

师：米老鼠非常喜欢中国的传统文化，它有三个愿望，它的愿望就放在"艺术字"文件夹中，请同学们利用刚才所学的知识来帮助它实现这三个愿望。

师：分组比一比，赛一赛，看哪个小组最先完成。小组成员要团结协作，互帮互助，共同完成任务。

愿望一：中国结

米老鼠非常喜欢中国结（见图8-7），想在中国结正中贴一个倒着的"福"字，来表示福到了。

图8-7　中国结

师：请同学们想一想，用什么方法能让"福"字浮在中国结的上面，如何再倒过来呢？

师：下面咱们分组讨论，请各小组同学围到组长旁边，由组长带领本组同学共同探究学习，找出解决问题的方法。

学生分组讨论，教师巡视指导。讨论完的小组学生回到自己的座位上，开始制作。

师：完成快的同学，可以帮助一下你们组有困难的同学。

组长完成后也要帮助你们组有困难的同学完成任务。

师：下面咱们来看看同学们的作品，调出一位同学的作品进行展示。

师：大家看他的作品符合米老鼠的愿望吗？请你翻到下页，给大家演示一下好吗？请同学们仔细看，认真倾听。

学生演示，并说用到什么按钮。

师：咱们中国人过春节有贴"福"字的风俗习惯，"福"字倒贴表示福到了。现在米老鼠的第一个愿望已经实现了，接下来，我们一起来看"米老鼠"的第二个愿望。

愿望二：对联

米老鼠想在迪斯尼的正门两边贴一幅艺术字对联（见图8-8）。上联已经做好，请你帮它制作好下联。

图8-8　制作对联

师：先小组讨论，然后再制作。

师：在我们中国过春节都有贴对联的风俗习惯，我们学会了用艺术字做对联，过春节的时候就可以自己制作春联贴在家门上了。

愿望三：艺术扇

米老鼠想送给唐老鸭一把具有中国特色的艺术扇（见图8-9），但是扇子上的艺术字诗句没有填充颜色，请你帮它填充上合适的颜色。

图8-9　艺术扇

学生自己动手操作。

师：展示学生作品，大家看他填充的颜色符合米老鼠的心愿吗？

师：你能告诉老师，你为什么填充红色吗？（红色符合诗句的含义，颜色也很醒目）

师：大家看，这把艺术扇上有诗有画非常美，展现了我们中国诗画的特色。

师：刚才同学们在帮米老鼠实现愿望的过程中表现都很棒。米老鼠非常高兴，特意准备了精美的礼物要送给大家，我们一起来看看米老鼠给大家准备的什么礼物。

课件出示礼物：播放漂亮的艺术字。

设计意图：让学生通过帮助米老鼠完成三个心愿，来练习巩固所学知识，在练习过程中突破了难点，同时培养了学生的创新思维能力和互帮互助、团结合作、乐于助人的良好品质。

四、综合创作，大显身手

师：圣诞节和新年快要到了，下面让我们运用这节课所学的知识，做一张新年祝福的贺卡，写上我们的温馨祝福，送给自己的父母、朋友或者老师，让他们也来感受我们的快乐！（课件出示创作要求）

师：请同学们打开"贺卡"文件夹，选择自己喜欢的一种样式，开始制作。

学生动手制作，教师播放轻柔音乐。

设计意图：通过作品设计的形式来进一步深化巩固所学知识，让学生所学即所用，把所学知识应用于日常生活中。

五、展示交流，总结延伸

师：同学们通过自己的努力，顺利完成了作品的制作，很多同学的贺卡做得非常精美。下面请大家看看本组其他同学的作品，如果你认为谁的作品好，把你手中的智慧币送给他。

展示作品，师生共同评价。

师：下面我们一起来看看在今天的学习中，哪个小组表现最棒。

师：通过这节课的学习，你有什么收获？（学会了插入和修改艺术字，还学会了制作《邀请信》、"福"字、对联、艺术扇和贺卡），同学们的收获真大，老师也为你们感到高兴。请同学们想一想，在我们的生活中还有哪些地方用到了艺术字？

师：老师这儿收集了一些艺术字在生活中的应用，我们一起来欣赏一下。播放课件，展示生活中的艺术字。

师：希望同学们学以致用，利用我们今天所学的知识，创作出更美的作品。让我们的生活多姿多彩！

设计意图：通过展示交流学生作品，培养学生的审美能力和与人沟通的能力，让学生学会欣赏、评价。总结本课所学知识，拓展应用于生活，进一步升华所学知识。

【教学反思】

本课以任务驱动为主线，从学生喜爱的卡通人物米老鼠的邀请信导入，激发学生的求知欲，让学生带着好奇心投入探究学习中，接着围绕中国的传统文化，通过为米老鼠完成三个学习中国传统文化的愿望展开任务，让学生在完成任务、学习知识的同时，也体验到了帮助他人的快乐。符合信息技术新课标的核心理念，同时注重了学科整合，本课的教学与传统文化、美术、语文等学科相整合。整个的教学过程中贯穿学生核心素养的培养，在学习知识的同时，培养了学生自主探究、合作学习、创新思维能力、互帮互助、团结合作的良好品质。每个环节的设计都贴近学生学习的生活，符合学生的心理特点和认知规律。

【教学点评】

（点评人：山东省教育科学研究院信息技术教研员赵亮）

本节课，教学设计巧妙，将信息技术课的教学内容与日常生活紧密相连，将知识技能应用于解决实际生活问题。教师把教材进行了二次开发，课堂容量大，课件制作精美，实现了由操作到综合探究，最后把艺术字的运用推向生活。这是非常成功的典型案例。纵观本课，有以下几个特点。

1. 教学情境创设自然

用学生喜爱的米老鼠导入，引发学生的探究欲，为后面的学习做好了铺垫。米老鼠学习中国传统文化的三个愿望设计巧妙，让学生在帮助别人的同时完成了学习任务。

2. 选材好，有文化色彩

教学设计以中国的传统文化为主线，从学生喜闻乐见的日常生活中的事物取材，有中华民族的浓郁的文化色彩。"福"字、对联、艺术扇的选材非常好，把操作寓于强烈的需求中，不是为操作而操作。

3. 教学过程清晰，层层深入

任务驱动贯穿整个教学过程，任务设计由易到难，层层递进。教师引导学生自主学习，目标明确。将信息技术课的教学内容与日常生活紧密相连，将知识技能应用于解决实际生活问题。

4. 评价总结到位

最后的综合创作，把本节课推向了高潮。特别是学生作品互评是本课的一大亮点，学生互评作品时，教师引导学生要公平、公正，让学生做一个公正的裁判，不仅有效地进行了德育渗透，也培养了学生的信息技术学科素养。

本课例也有值得商榷之处：综合创作环节，可以多给学生几个主题，让学生根据自己的喜好选择，能更好地开发学生的创新思维能力。

（本文发表于《中国信息技术教育》2018年3月上旬刊，执教本课获山东省小学信息技术优质课评选一等奖。）

《关键字查询》教学设计

【教学目标】

（1）知识与技能目标：通过学习，让学生学会在百度等有关网站上搜索自己所想要的信息的方法。

（2）过程与方法目标：通过学生自主探究学习，让学生学会通过在网站上搜索，能够找到一些问题的答案，从而拓宽他们的知识面，培养操作能力、思维能力和应用能力。

（3）情感态度与价值观目标：通过本课内容的学习，激发学生对电脑学习与应用的浓厚兴趣；在学生之间的交流合作中，培养学生互相帮助、共同讨究、团结协作的良好品质。

【教学重点】

搜索引擎的概念和搜索引擎的基本使用。

【教学难点】

利用关键字搜索。

【教学准备】

多媒体网络教室、教学课件。

【教学过程】

一、激趣导入

同学们看，它们俩是谁？（大熊猫）对，这是送给台北动物园的大熊猫团团和圆圆。老师想了解一下团团和圆圆最近的情况，怎样才能从网上快速找到有关团团圆圆的信息呢？（生：用百度等）那么，如何来搜索呢？这节课我们来学习网上冲浪——关键字查询。

二、自主探究

百度、谷歌、搜狐这些专门帮助我们查找信息的网站，称为搜索引擎。常用的搜索引擎的网址如下：

百度：https://www.baidu.com

谷歌：https://www.google.com

搜狐：https://www.sohu.com

那么如何运用搜索引擎来搜索信息呢？

下面请同学们根据老师屏幕上给的提示或你们手中的自学提示，自己尝试进入百度网站，搜索有关"台北动物园"的信息。

（1）登录搜索引擎。根据提示，输入百度网址，进入网站。

（2）在搜索框中输入关键字，然后点击"搜索"按钮。在搜索框中输入"台北动物园"，点击"搜索"按钮

（3）查询显示的信息。引导学生注意搜集信息，利用滚动条、"下一页"的按钮查询更多的信息。

学生上台演示，进行评价。

区分搜索"台北动物园"和"动物园"的不同之处。明确关键字的不同，搜出的结果会不同。简要讲解搜索小技巧。

三、牛刀小试

老师想为团团和圆圆建立小档案，但是有几项没有填上，需要同学们帮助，利用搜索引擎从网上找到答案，完成团团和圆圆的档案。

分组竞赛，要求：小组互帮互助，团结协作，共同完成任务。

团团圆圆的小档案

团团		圆圆	
生日		生日	
性别	雄性	性别	雌性
父亲		父亲	
母亲		母亲	

先分组讨论，然后操作。小组之间展开竞赛。查询完后，师生共同交流评价。

四、大显身手

（1）同学们帮助团团和圆圆建好了档案，对团团和圆圆有了进一步的了解，使我们更加喜欢团团和圆圆了。不知团团和圆圆在台北动物园的近况如何？我们一起上网搜索信息，查询一下吧。

（2）出示任务，明确要求，请同学们运用这节课所学的知识，针对团团和

圆圆近来在台北动物园的情况展开专题搜索（三个方面任选一个，也可以自己选择内容），来进一步加深对熊猫团团和圆圆的了解，增强保护珍稀动物的观念。（学生进行搜索，教师巡视辅导。）

五、交流总结

（1）学生相互交流自己搜到的信息，展播内容，并进行评价。

（2）上网遇到不良信息怎么办？抵制不良信息（12321举报），自觉遵守网络文明公约。

（3）学生谈收获，总结升华。

《家乡的历史名人》教学设计

【教材分析】

《家乡的历史名人》是泰山版小学信息技术第三册（上）第6课的内容。本课以制作"历史名人"的演示文稿为载体，向学生介绍设置背景图片、文本的动画效果的方法；渗透历史文化教育、德育及情感教育。

教材从修饰演示文稿的任务入手，通过设置背景来烘托主题、丰富视觉效果；通过设置动画效果让演示文稿变得生动。让学生利用演示文稿向大家介绍一个历史名人，学生广泛收集这一名人的各种资料，在对其充分了解的基础上制作演示文稿，最后针对作品及具体表现进行具体评价。

【学情分析】

五年级的学生已经掌握了一些计算机的基本操作技能，通过前几课的学习，学生已经能够制作完成一份演示文稿了，所以在教学过程中要做适当的提高。在课堂教学的各个环节中，都要从学生的实际出发。每一个小任务，都要根据学生现有的知识水平和实际操作能力来安排。对于新知识和一些有难度的内容，通过自己演示给学生看或给出相关操作步骤的提示，让学生自己来完成。实践证明，学生在完成一个有趣的任务时会很专心，乐此不疲。

【教学目标】

（1）知识与技能目标：学会设置背景，感受背景对美化幻灯片的作用。学会设置图片、文本的动画效果，体验幻灯片的动感。

（2）过程与方法目标：发挥自己的想象力去自由设置，增强幻灯片的感染力。

（3）情感态度与价值观目标：让学生了解名人的思想、事迹和影响，激发他们奋发向上的精神。

【教学重点】

设置背景及图片、文本的动画效果是本课的教学重点。

【教学难点】

设置动画效果是本课的教学难点。

【教学方法】

本课主要采取情境法、任务驱动法等教学方法，注重充分调动学生的学习积极性和自主学习能力，使学生变被动接受为主动获取，使课堂教学在生动有趣、愉悦的气氛中展开。

【教学模式】

情境导入，激发兴趣—任务驱动，自主探究—个性练习，提高技能—评价反馈，指导激励。

【教学策略】

本课通过自主探索、小组讨论、协作交流等方式，帮助学生在不断探索、不断交流、不断评价中自然达成学习目标，改善学习方法，转变学习方式，提高学习能力。

【教学过程】

一、情境导入，激发兴趣

同学们，我们山东被人称为"孔孟之乡，礼仪之邦"，你们知道山东有多少历史名人吗？谁能列举一二？

是呀，我们家乡历史名人辈出，曾为中华民族做出过重大贡献，今天用PowerPoint来为大家介绍一下我们家乡的历史名人。

二、任务驱动，自主探究

任务一：设置背景

（1）老师这里有一个宣传我们家乡名人的幻灯片。白纸黑字太单调了。可不可以给它加上背景、调整字体颜色，把它做得五彩缤纷呢？

（2）学生结合课本，小组合作采用自学探究的方式去尝试。

（3）学生操作的过程中，教师巡视指导,发现问题及时解决。

任务二：设置动画效果

（1）教师指点：同学们设计的幻灯片这么漂亮，播放时如果加上一些特技和动作，该多好呀。你们有什么好办法吗？

（2）学生分组进行研究。

教师巡视指点。

（3）学生代表演示如何设置动画效果与观看动画效果。

（4）学生实践验证，调整自己的作品。

教师巡视解疑。

（5）教你一手：试一试浏览视图中的放映与观看放映有什么不同。

交流反馈。

（这个环节让学生自由选择学习方法，可以是独立自学课本，可以是四人组成学习小组进行合作学习，也可以是主动邀请老师加入探讨等。）

三、个性练习，提高技能

（1）你还知道哪些名人，比一比，看我们在相同的时间内谁设计得更棒！

教师明确要求：选择一位历史名人，详细介绍给大家。

教师巡视指导，解决疑难问题。

（2）学生分组制作。

（3）展示学生作品，集体评议。

（4）教师总结点评，进行激励，指出共性问题。

四、评价反馈，激励指导

指名学生展示作品，然后学生进行交流、评价。评价先由学生自评，再由其他学生评，教师从主题鲜明、内容生动、色彩协调、操作正确、叙述有条理等方面指导学生评价，最后教师评价（还可进行优秀合作小组评选）。

《制作课程表》教学设计

【教材分析】

本节课是在学生学会了打字，对Word软件有了初步认识和简单操作的基础上来开展教学的，本节课立足激发学生求知的欲望和学习的积极性，主要采用"创设情境法""任务驱动法""分层合作学习法"等课堂教学方法，始终注重以生为本，通过适时的问题引导、有针对性的操作示范、有目标有兴趣的自主探究、及时的鼓励和赞赏等不同教学手段的应用，力求使课堂教学突出趣味性、实用性、拓展性，促使学生在轻松愉悦的氛围中，积极主动地参与信息技术的学习，从而实现教学目标的高效高质完成。

【教学目标】

1. 知识与技能目标

（1）掌握Word中表格制作的基本方法，并能熟练操作。

（2）能独立制作、修改一些生活中常见的简单表格。

2. 过程与方法目标

通过学生的尝试操作、合作学习，能将所学知识灵活运用到实际生活中去。

3. 情感态度与价值观目标

培养学生良好的探究能力、操作能力、审美能力和创新实践能力。

【教学重点与难点】

重点：Word中表格的插入与简单编辑。

难点：合理调整表格的行、列和单元格，使表格美观。

【教学对象分析】

学生已学会汉字的输入方法及选中方法。对Word窗口有了一定的认识，初步知道菜单中的一些常用命令、常用工具栏和格式工具栏上各个功能图标的位置，初步掌握了Word中文字的基本操作技能。

【课前准备】

教学配套PPT课件。

【教学过程】

一、联系生活，导入新课

师：在我们的生活中，表格无处不在，同学们能说说你见过哪些常用的表格吗？

生：课程表、值日表、座次表、列车时刻表等。

师：根据自己平时的观察，再结合屏幕上出示的一段文字和相关的表格（课件展示），大家想一想，与文字相比，表格有什么特点？不同的表格有哪些共同点？

生：表格直观形象，比文字更容易让人一目了然。不同的表格基本上都有一个个小格子，格子里都填有相关的文字或数据。

师：同学们能一下说出这么多的表格出来，并能找出表格的共同点，可见你们真是一个个有心人啊！我们前几节课已经学会了Word的一些基本操作，如输入文字、修改文字等。其实，Word除了这些基本的操作外，还有着更多强大的功能，如我们教室墙壁上张贴的课程表、值日表等，就是老师利用Word的表格制作功能制作、打印出来的。同学们，这节课我们就以课程表为例，一起来学习表格的制作。课后，老师会将同学们制作好的课程表打印出来，送给你们。

设计意图：通过引导学生说出生活中的表格，比较文字与表格的特点，找出不同表格的共同点，使学生在头脑中再现表格，在感官上熟悉表格，减少对本节课的陌生感，同时通过承诺"打印做好了的课程表送给学生"，有效提高了学生学习的积极性，增强了教师与学生的交互性。

二、自主探究，学习新知

1. 举例说明，初识表格

师：刚刚同学们已经找到了不同表格的一些共同点，但是说得不是很科学，也不是特别，下面我们一起来仔细认识一下表格的结构。

（课件展示一张简单的表格。）

师：看这张表格，我们把横线叫行线，竖线叫列线，它们组成的小方格叫单元格。横向的单元格叫行，竖向的单元格叫列。（配合讲解行、列、单元格的概念，课件同时展示。）

师：同学们仔细看看，老师插入的这张表格是由几行几列构成的？

（生答：6行5列。）

设计意图：通过简单介绍表格的组成结构，让学生对表格的认识进一步科学化，为接下来的学习奠定理论基础。

2. 探索表格的插入方法

我们已经认识了Word软件的一些菜单，如文件、编辑、视图、插入等。其中，有一项是"表格"，同学们可以根据课本第28页第1节的内容，两两合作，试着插入一张7行8列的表格。

（学生尝试操作，教师巡视。）

（请同学上台演示。学生按照教师的操作方法进行操作，即从"表格"菜单中选择"插入表格"命令，在对话框中输入具体的列数与行数。）

师：除了刚刚这位同学的方法，还有其他方法吗？同学们不妨相互讨论，多多尝试操作。

（学生继续尝试操作，教师巡视过程中可能发现部分学生根据课本第29页"探究园"的提示，找到了新的插入表格的方法，但也有很多学生一筹莫展，没有收获。主要原因在于部分学生在"常用工具栏"中找不到"插入表格"按钮。）

师：同学们，其实另一种方法并不复杂，只是需要用到的这个工具可能"躲"起来了，究竟是什么工具呢？

生：这个工具应该与表格有关，躲起来可能是因为没有显示出来吧。

师：说得真棒！与表格有关的这个工具，我们到哪儿才能找到它，怎样让它显示出来呢？回忆一下前面学过的一些操作技巧，试着找找看，找到后不妨同桌相互交流。

（学生尝试操作，教师在巡视过程中，可以适当提示：在教材第一课第3页的"知识屋"中曾介绍了"视图"菜单中的"工具栏"的操作及作用。）

师：同学们基本上都通过以下操作点击"视图"—"工具栏"—"表格和边框"按钮，调出了"表格和边框"这一关系表格插入与编辑的工具栏，其中就有一个"插入表格"按钮，我们只要单击这个按钮，就会跳出一个"插入表格"的对话框，根据相关要求设置一下行数、列数等数值，也就实现了表格的插入。

师：两种方法我们都已经知道了，下面给同学们一点时间，分别采用两种插入表格的方法来制作一张9行7列的表格，要求能快速、熟练。在插入表格过程中，如果设置错了或者不符合要求的可以单击"撤销清除"按钮，重新插入，同桌相互检查插入的表格是否符合要求。

（学生操作。）

设计意图：本环节是表格制作的基础，主要采用学生自主探索和尝试、教师恰当地引导和适时点拨，注重探究思路和操作方法的指导，有效地挖掘学生的观察能力，培养学生创新的思维模式和操作技能。

3. 单元格的合并及斜线的添加

（课件出示一张完整的课程表和一张刚才插入的空表。）

师：同学们仔细观察这两张表格，看看这两张表格有哪些不同之处？

（学生观察并回答：两张表格的区别在于一张表格里有些单元格根据需要合并了，并且有斜线式的单元格，而另一张只是简单地插入表格，没有任何加工。）

师：包括课程表在内的很多表格都需要用到合并单元格和添加斜线这两个操作，下面请同学们翻看第29至30页，四人一个小组讨论研究和尝试操作，试着将刚刚插入的空表格根据课程表的实际需要，来进行相应的单元格合并及添加斜线。老师相信你们一定能够完成任务！

（学生分组讨论和尝试。）

（学生讨论结束后，请学生上台演示合并单元格和添加斜线的操作。）

师：合并单元格操作要注意先选中要合并的单元格，再单击常用工具栏中的"合并单元格"按钮，添加斜线操作要注意绘制完斜线后还要单击一下"绘制表格"按钮，结束绘制状态。

师：刚刚我们合并单元格是通过单击常用工具栏中的"合并单元格"按钮来实现的，其实我们还有一种更快捷的方法，是什么呢？同学们不妨现在就拿起你们的鼠标，在选中要合并的单元格后，右击选定区，看看右击菜单中有没有相关功能。试试看行不行。

设计意图：引导学生细心观察，鼓励学生分组讨论和尝试操作，在老师的提示下，学生能顺利掌握不同的合并单元格的方法，促使学生体会到发现和成功的快乐，有效地激发了学生探索的兴趣和信心。

4. 在单元格中输入文字及对齐设置

师：同学们，我们已经学会了如何在Word中输入文字，下面请大家结合书本第30~31页上的内容，参照班级的实际课程设置，试着在你插入的课程表中输入相应的课程名字。

（学生操作。）

学生操作过程中教师提醒：若填写的课程名有重复，我们可以用复制与粘贴的方法来输入。

在学生文字输入基本完成时，教师选择两名学生制作的两张不同表格（其中一张表格中的文字都进行了字号、字体等修饰，单元格的对齐方式设置了"中部居中"；另一张只是输入文字，没有进行文字的修饰，也没有进行单元格对齐方式的设置）向全体学生展示。

师：哪一张表格看起来更美观呢？说说你的理由。

（学生将一致认为设置了对齐方式为"中部居中"并且进行了文字修饰的一张表格比较美观。）

师：文字的修饰我们基本上都学会了，那单元格内文字的对齐方式是如何设置的呢？让我们掌声有请这名学生上台，为大家演示单元格内文字对齐方式的操作。

（学生上台演示表格中文字居中的设置，使用的方法一般都是课本上介绍的"右击选定区—单元格对齐方式—中部居中"。）

师：其实，设置单元格的对齐方式，除了这位同学的方法，还可以用其他的方法来实现。先提醒一下，可以试试"表格和边框"工具栏中的相关按钮。

（学生尝试操作。）

教师总结单元格中文字的输入及编辑步骤：

（1）单击单元格。

（2）输入相应文字。

（3）选定整张表格，右击选定区，在快捷菜单中选择"单元格对齐方式"中的"中部居中"，或者选择"表格和边框"工具栏中的按钮，单击"倒三角"，选择"中部居中"。

（4）对表格中输入的文字进行简单的修饰。

设计意图：该环节通过比较两张不同的表格，让学生感受到正确的设置所带来的美感，培养学生在信息技术学习中的审美能力和实际操作能力。

5. 调整列宽与行高

师：到现在，我们的课程表基本上就做好了，不过，为了使我们的课程表看起来更加美观，我们还需要对表格里的部分行高与列宽进行细微调整。

（教师演示操作：将指针指向表格列线，指针呈现"左右双向箭头"形状时，拖动列线到合适的位置；将指针指向表格行线，指针呈现"上下双向箭头"形状时，拖动行线到合适的位置。）

师：根据老师刚才的操作方法，同学们试着在自己的课程表上调整相关的行高与列宽，使之更加美观。

（学生操作，教师巡视指导。）

设计意图： 该环节鉴于学生操作经验比较有限，有一定的操作难度，故直接由教师先演示操作方法，然后让学生对照操作，教师巡视做个别重点指导，从而有效提高了课堂效率。

三、展示交流，体验成功

师：同学们基本上都完成了课程表的制作，现在小组内不妨相互欣赏各自制作的课程表成品，并相互交流彼此的制作经验。稍后，老师将随机选择几名同学制作的课程表展示给大家，同时请制作该表的同学到前面来简单介绍自己的制作过程。

（通过极域多媒体教室广播软件，随机选择学生作品展示，同时相关作者到前面介绍制作过程，对于制作较美观或者有创新的学生及时给予表扬。）

师：看到同学们制作的一张张精美的课程表，老师真为你们感到高兴，课后，老师将统一将你们制作的课程表打印出来分发给大家，使这节课的作品成为我们学习的"小帮手"。

设计意图： 通过组织学生相互欣赏制作的课程表成品，并随机选择作品在全班展示，对于优秀的作品给予表扬，为学生提供了一个体验成功的平台，让学生感受到成功的喜悦，激发学生对信息技术学习的兴趣。

四、个性展示，拓展延伸

课前，聪明的蓝猫精心制作了一张我们班的课程表，还委托老师一定要送给大家，我们一起来看看做得如何。

（课件展示蓝猫制作的课程表，该表设置了边框及底纹的颜色，边框线条的粗细也有变化。）

生1：蓝猫的作品比我们制作的课程表好看多了，不像我们的作品基本上千篇一律，感觉比较有个性。

生2：蓝猫制作的课程表的边框以及背景（底纹）都进行了设置，显得好看多了。

师：是的，蓝猫制作的课程表确实比较美观，也比较有个性，主要体现在它对表格的边框及底纹进行了相关的设置，如线条的颜色、粗细、底纹的设置等。这些操作我们这节课还没有学到，不过老师在这里先提一下，课后同学们可以到表格和边框这一常用工具栏里面找找、试试。相信你们一定也能制作出更美丽的个性化课程表出来。另外，老师希望你们能利用今天所学的知识，结合生活实际，制作出一张常见而又实用的表格。

设计意图： 由蓝猫制作的一张好看有个性的课程表巧妙地引出本节课的拓展性要求，让学生在课后尝试操作，培养他们的探索精神和创新意识。同时要求学生能将所学知识用到生活实际中，从而实现本节课"从生活中来，到生活中去"的教学理念。

【教学反思】

信息技术课要求学生不仅要掌握信息技术的基础知识和基本技能，更要能够培养学生的自主探究能力、审美能力及创新意识，养成良好的信息技术素养。鉴于此，本节课，笔者主要采用了"情境创设，任务驱动，合作探究，以导代教"的教学方法。在学生对Word软件各部分工具已经认识、能在Word中进行文字的输入、编辑和修饰的基础上，确定了本节课的教学重点与难点，并在课前就确定了哪些知识需要学生自己找答案，哪些知识需要老师适时引导，哪些知识需要重点讲解。

在情境的创设上，笔者采用了著名教育家陶行知一贯倡导的"从生活中来，到生活中去"的"生活即教育"理念，由生活实际中的表格引出这节课需要学习的课程表，再通过承诺将学生自己做好了的课程表打印给他们，实现了"知识来源于生活，学习为生活服务"的教学理念，同时让学生切身感受到信息技术的学习不是枯燥乏味的，而是有益于生活、充满了乐趣的。

在任务的设计上，笔者注重引导学生从不同的方向去解决同一个问题，有效地培养学生独立思考、自主探索和开拓的意识。在学生学习确实遇到困难时，笔者及时为学生搭起解决问题的"支架"；在学生学习不够主动时，及时给学生提出探究性问题，引导学生去思考去解决；在学生完成规定任务或解决教师提出的问题后，笔者及时给予肯定和赞赏，努力让学生体验到解决问题后成功的快乐，进一步提高学生学习的兴趣和信心。

成功的情境创设和有效的任务驱动极大地调动了学生动手创作的欲望，在具体问题的解决中，笔者放手让学生结合课本中的提示来自学，鼓励学生合作探究，共享发现，学生兴趣盎然，很多问题都能通过自学或讨论解决。

最后，在学生初步掌握了插入表格、合并单元格、输入表格内容、调整行高列宽等知识点后，笔者组织全班学生相互欣赏制作的课程表成品，并随机选择作品在全班展示，同时让制作的学生到前台介绍制作过程，很多学生都能积极主动、有条不紊地说出来，制作方法也各不相同。对于学生的出色表现，我再次给予表扬，并收集所有学生制作的表格统一在课后打印给他们，学生对此热情高涨，灿烂的笑容表达了他们成功的快乐。下课前，笔者展示了一张比较有个性的课程表，提出了拓展性问题，鼓励学生在本节课的基础上，进一步思考和探究如何美化自己的课程表，实现课程表的个性化。

总之，从课堂上学生的表现、收获及课后学生的反馈来看，本节课的教学目标基本达成，教学思想清晰，学生的学习效果明显，是一节较为成功的信息技术课。

《图文并茂更精彩》教案与反思

【教学目标】

1. 知识与技能目标

掌握文件图片的插入、调整大小和位置及格式设置。

2. 过程与方法目标

通过学生自主探究学习，培养他们的观察与审美能力，以及对信息的加工处理能力和创新设计能力。

3. 情感态度与价值观目标

通过本课内容的学习，激发学生对电脑学习与应用的浓厚兴趣；在学生的交流合作中，培养学生互相帮助、共同讨究、团结协作的良好品质。

【教学重、难点】

重点：使学生掌握在文章中插入图片并调整图片的大小和位置的方法。

难点：设置图片的格式。

【教学准备】

教学课件和资料、多媒体网络教室。

【教学过程】

一、激发兴趣，导入新课

出示两篇文章，进行对比，问学生哪一篇漂亮？为什么？同学们想不想把文章修饰得漂亮呢？这节课我们来学习在文章中插入漂亮的图片，让我们的文章图文并茂，更加精彩！

二、自主探究、合作学习

1. 插入剪贴画

出示一篇学生作文，教师演示剪贴画的插入。

图片插进来了，有点太大了，位置也不合适，我们想把它调整到合适的大小，并放到合适的位置上，怎么做呢？

提示学生同调整艺术字的方法相同。

找学生上台演示。

学生自己练习在作文中插入剪贴画。

（教室巡视指导，全部完成后给予鼓励，特别是对完成好的小组给予表扬。）

2. 插入来自文件的图片

探究任务一：要想插入一幅图片，可剪贴画中没有，怎么办呢？（插入来自文件的图片。）

（我们可以插入保存过的图片。这些图片可以从网上下载、用数码相机拍摄、用扫描仪扫描，还可以用画图软件绘制。）

操作步骤：（出示课件）

（1）单击"插入"菜单栏中的"图片"菜单中的"来自文件"按钮。

（2）图片的位置 D：\图片。

（3）选择自己喜欢的图片，单击"插入"按钮。

（小组讨论，然后动手操作，教师巡视指导，大部分学生完成后，找学生上台演示操作过程。）

3. 设置水印效果

探究任务二：我想把图片作为文章的背景，该怎么做呢？（可以设置图片的水印效果）

学生分组，合作探究，在"图片"工具栏中单击喜欢的按钮，看看这些按钮分别有什么作用。

教师巡视指导。

重点点拨"文字环绕"与"图像控制"按钮中的水印效果。

找完成任务好的小组内的学生上台演示并介绍自己的做法。完成任务后小组汇报，集体讨论交流并修改作品。

三、综合实践、创新运用

刚才咱们学会了很多本领，同学们的表现都很棒。下面咱们来分组比一比，赛一赛，看哪个小组表现最好。

老师这里有三项任务，看哪个小组最先完成，最先完成的将获得优胜小红旗。

任务一：《美化我的文档》

在"文档"的"任务一"文件夹中有几篇咱们班同学的作文，请你任选一篇，插入一幅剪贴画，让它图文并茂，美观大方。

任务二：《为蓝猫制胸卡》

蓝猫想成为我们学校的一名学生，但他没有胸卡，希望你能帮他制一个带他的照片的胸卡。

任务三：《送给哆啦A梦的贺卡》

哆啦A梦可喜欢大家了，他给大家带来了很多欢乐，我们制作一张生日贺卡送给它吧。在贺卡上插入一张你喜欢的图片，并把它制作出水印效果。

赶快动手吧！

小组要互帮互助，团结协作，共同完成任务，哪一个小组最先完成，将获得优胜小红旗。

四、归纳总结、拓展延伸

每关的优胜小组评选出组内最好的作品，通过网络教室演示系统展示给大家看，然后师生共同点评，"这幅作品设计得好吗？""哪里比较好？""哪儿不理想？""你出出主意，怎样修改一下就完美了？"

同学们，通过这节课的学习，你有什么收获？谁来说一说？好，这节课同学们的表现都很棒，课下请同学们想一想插入剪贴画还有没有其他的方法？可以利用图片工具栏中其他的按钮，创作出更美的图文并茂的文章。

【教学反思】

本节课采用任务驱动的教学方法，教学中注重培养学生分析问题、解决问题的能力。通过学习和实际操作，培养学生的实践能力、创新能力、操作能力和自学能力，提高学生对信息的处理能力，培养信息素养。

本节课的成功之处有三处：其一是导入部分，设置一定的问题情境，激发学生的求知欲，是这节课成功的关键，而"诱趣探求法"是培养学生"爱学"的导火索。其二，设置学生自主讨论环节，自己发现好的学习方法是本课设计的一个亮点，通过教师点拨，从中找到正确的答案，学生的兴趣大增，使这堂课达到一个高潮。其三，学生的参与，为能按时完成教学任务奠定了基础，同时，也真正体现了建构主义的教师为主导，学生为主体的教学思想。

本节课的教学内容可能偏多，因此在执教过程中必须压缩时间，紧凑地完成教学任务，如果掌握不好时间会影响教学效果，教师发挥的空间会比较少。尤其注意一点，在教学过程中，要严格控制学生的操作时间，否则会很难控制教学进程。在请学生演示的活动中，尽可能挑选能力强的学生，避免浪费时间，提高课堂效率。

附 录

中小学信息技术课程发展历程

20世纪80年代初期，在苏联学者提出的"程序设计是第二文化"（"文化论"的基础）的影响下，1982年，教育部决定在5所大学附中进行计算机选修课实验，第一个以程序设计为主的试验性教学大纲产生了。由此开始了我国中小学计算机教育的历程。

1983年，邓小平同志给北京景山学校题词："教育要面向现代化，面向世界，面向未来。"

1984年2月16日，邓小平同志在上海观看两位少先队员进行电子计算机表演，摸着其中一个叫李劲的学生头说："计算的普及要从娃娃抓起。"作为当时国家核心领导人，这一句高瞻远瞩的话具有很强的政策指导意义，也历史性地成了中国计算教育发展的一个最高指令。

1986年，第三次全国计算机教育工作会议后，受国际上通行的"工具论"的影响，原国家教委颁发了第二个试验教学大纲，教学内容增加了文字处理、电子表格和数据库等应用软件，开课年级向初中发展，选修课名称改为"计算机课"。

1994年，原国家教委颁发《中小学计算机课程指导纲要（试行）》，同年9月，确定北京师范大学附属实验中学等18所第一批全国中小学计算机教育实验学校，在我国中小学计算机教育发展中起示范和带头作用，逐步建立起有中国特色的计算机教育体系。

1997年，又颁发了《中小学计算机课程指导纲要（修订稿）》，把计算机课程分为可选的若干模块，开课年级从高中到初中，然后到小学。

2000年10月，教育部召开全国中小学信息技术教育工作会议，颁发了《中小学信息技术课程指导纲要（试行）》《关于中小学普及信息技术的通知》等重要文件。课程的名称正式由"计算机课"改成定位更加准确、内涵更为宽泛、更国际化的"信息技术课程"。会后还决定从2001年开始，用5～10年的时间，在中小学，包括中等职业技术学校，普及信息技术教育。根据教育部的规划要求，在中小学开设信息技术必修课的阶段目标是：2001年年底前，全国普通高级中学和大中城市的初级中学都要开设信息技术必修课。2003年年底前，经济比较发达地区的初级中学开设信息技术必修课。2005年前，所有的初级中学以及城市和经济比较发达地区的小学开设信息技术必修课，并争取尽早在全国90%以上的中小学校开设信息技术必修课。以信息化带动教育的现代化，努力实现我国基础教育的跨越式发展。下面从课程性质、课程的基本理念、课程定位、课程目标、教学内容、课程管理、课程实施等七方面进行介绍。

一、课程性质

中小学信息技术教育是为了适应技术迅猛发展的信息时代对人才培养提出的新要求而设置的学习领域，是综合实践活动课程中以培养学生的信息素养和信息技术操作能力为主要目标，以操作性、实践性和探究性为特征的基本学习领域之一。义务教育阶段信息技术课程以培养学生对信息技术的兴趣和意识，培养学生的基本信息素养为根本目的。信息技术课程不仅应使学生掌握基本的信息技术技能，促进个性化发展，还要使学生学会运用信息技术增进交流与合作，拓宽视野，勇于创新，形成解决实际问题的能力和终身学习的能力，明确信息社会公民的权利与义务、伦理与法规，形成与信息社会相适应的价值观与责任感，为适应未来学习型社会提供必要保证。

二、课程的基本理念

1. 奠定基础

义务教育阶段信息技术课程着重培养学生的基本操作技能，强调基本功，注重学生动手能力的培养，为学生打造终身学习的平台。

2. 注重素养

义务教育阶段信息技术课程应以培养学生的信息素养为宗旨，使学生在学习信息的获取、加工、管理、表达与交流的过程中，掌握信息技术，感受信息文化，增强信息意识，培养学生良好的信息素养。

3. 重在实践

义务教育阶段信息技术课程应与学生日常的学习和生活紧密结合，鼓励学生将所学的信息技术积极地应用到学习和生活实践中去，让学生在学科课程的学习过程中掌握并应用信息技术解决问题的方法，在学习中实践，在实践中学习。

三、课程定位

中小学信息技术课程是为了适应技术迅猛发展的信息时代对人才培养提出的新要求而设置的必修课程，是以培养学生的信息素养和信息技术操作能力为主要目标，以操作性、实践性和探究性为特征的指定学习领域。

义务教育阶段信息技术教育的有效实施可以提高学生利用信息技术有效开展各学科学习和探究活动、积极参与社会实践、主动进行终身学习的能力；可以拓展学生适应现代社会生活所需的信息技术技能，巩固信息素养和技术创新意识；对于培养国家建设和国际竞争所需的信息技术人才、提高全社会的科技文化水平具有非常重要的奠基作用。

四、课程目标

中小学信息技术课程的主要任务是：培养学生对信息技术的兴趣和意识，让学生了解和掌握信息技术基本知识和技能，了解信息技术的发展及其应用对人类日常生活和科学技术的深刻影响。通过信息技术课程使学生具有获取信息、传输信息、处理信息和应用信息的能力，教育学生正确认识和理解与信息技术相关的文化、伦理和社会等问题，负责任地使用信息技术；培养学生良好的信息素养，把信息技术作为支持其终身学习和合作学习的手段，为适应信息社会的学习、工作和生活打下必要的基础。

信息技术课程的设置要考虑学生心智发展水平和不同年龄阶段的知识经验和情感需求。小学、初中和高中阶段的教学内容安排要有各自明确的目标，要体现出各阶段的侧重点，要注意培养学生利用信息技术对其他课程进行学习和探究的能力。努力创造条件，积极利用信息技术开展各类学科教学，注重培养学生的创新精神和实践能力。

小学阶段的教学目标

（1）了解信息技术的应用环境及信息的一些表现形式。

（2）建立对计算机的感性认识，了解信息技术在日常生活中的应用，培养学生学习、使用计算机的兴趣和意识。

（3）在使用信息技术时学会与他人合作，学会使用与年龄发展相符的多媒体资源进行学习。

（4）能够在他人的帮助下使用通信工具远距离获取信息、与他人沟通，开展直接、独立的学习，发展个人的爱好和兴趣。

（5）知道应负责任地使用信息技术系统及软件，养成良好的计算机使用习惯和责任意识。

五、教学内容（小学阶段）

模块一　信息技术初步认识

（1）了解信息技术基本工具的作用，如计算机、雷达、电视、电话等。

（2）了解计算机各个部件的作用，掌握键盘和鼠标器的基本操作。

（3）认识多媒体，了解计算机在其他学科学习中的应用。

模块二　操作系统简单介绍

（1）汉字输入。

（2）掌握操作系统的简单使用。

（3）学会对文件和文件夹（目录）的基本操作。

模块三　用计算机画画

（1）绘图工具的使用。

（2）图形的制作。

（3）图形的着色。

（4）图形的修改、复制、组合等的处理。

模块四　用计算机作文

（1）文字处理的基本操作。

（2）文章的编辑、排版和保存。

模块五　网络的简单应用

（1）学会用浏览器收集材料。

（2）学会使用电子邮件。

模块六　用计算机制作多媒体作品

（1）多媒体作品的简单介绍。

（2）多媒体作品的编辑。

（3）多媒体作品的展示。

六、课程管理

1.课时安排

本课程在小学阶段，一般不少于68学时，上机课时间要保证占总课时的90%以上。有条件的学校可在义务教育阶段开设选修课。

2.师资队伍

中心小学教导处要有一位教导主任负责本学科的教学教研，中心小学要配备专任信息技术教师。小学信息技术教师要取得计算机能力考核中级证书，同时均要完成继续教育规定的课程。信息技术教师必须参加市、县教研室组织的教研活动。

3. 课程资源

义务教育阶段采用经山东省基础教育教材审查委员会审定的山东省泰山出版社的新教材，三至五年级共六册。教师要以教材为基础，充分利用网络拓展课程资源。根据新教材的教学内容安装并更新电脑的软硬件。

4. 教研活动

城区小学、片区教研基地、中心小学要定期开展教研活动。要通过开展集体备课、互相听课评课、研究课、研讨会、开发教学资源等多种形式的教研活动，探讨教育教学规律，改进教学，提高教师实施素质教育的能力，推进课程改革。

七、课程实施

1. 课堂教学建议

在信息技术课程的教学过程中，应该更新教育观念，结合教学目标、教学内容和不同年龄学生的实际情况，合理继承传统教学方法，探索新型的教学模式，注重培养学生的创新精神和实践能力。

（1）转变师生角色，突出主动创新。

（2）尊重个体差异，满足不同学生的学习需求。

（3）灵活选用教学方法，科学设计和运用教学模式。

主要教学模式："讲解—演示—练习式"教学法是当前最主要的教学模式；任务驱动式教学模式蓬勃兴起；主题式、研究式、探索式、协作式学习正在探索之中。

（4）突出信息处理与交流的主线，提高学生对信息技术文化价值的理解。

（5）注重培养学生对技术发展的适应能力。

（6）正确处理基本操作技能、获取信息与游戏的关系，避免出现游戏课、自由课和放羊课的不良局面。

2. 教学设计理念

信息技术课程本质上应是一门工具性课程，不宜学科化太强，从某种意义上说，它甚至也是一门培训性课程，最主要的目的是使学生掌握信息技术的基本操作技能和获取信息的能力，具备一些最基本的信息素养等。信息技术课堂教学设计应注意几下几点：

（1）学习环境的创设。建构主义学习理论认为，学习环境中的情境必须有利于学生对所学内容的意义建构。也就是说，把情境创设看作是教学设计最重要的内容之一。学习环境的创设可分为"硬环境"和"软环境"两部分。在

"硬环境"上，首先要把计算机机房做成一个小型的局域网，教师用的计算机上要安装网络教室管理软件，便于教师控制和管理学生，更重要的是把"广播教学"变为学生展现自己的舞台。在"软环境"上，教师要由知识的传授者、灌输者转变为学生主动建构意义的帮助者、促进者。因此在教学中，应当紧紧围绕教学目标采用全新的教学设计思想，要为"技术"找个"载体"，为学生创设一个"练兵"的机会，促成学生对知识真正有意义的建构。如在学习文字处理软件Word2003时，要求学生把自己最满意的一篇作文制作成一份图文并茂的作品。

（2）任务驱动式教学。任务驱动式教学是一种建立在建构主义学习理论基础上的教学法，学生的学习活动必须与任务或问题相结合，让学生带着真实的任务学习，为每一位学生的思考、探索、发现和创新提供开放的空间，使课堂氛围真正活跃起来。教师可以把课堂教学目标分解为一个个的任务，而且这任务要具有可操作性。如在学习Word2003中的修改文章时，教师可以请语文教师提供一篇习作，在课上分发给大家进行修改，这样学生既学会了用Word2003修改文章的技术，又对作文修改的方法有了一定的了解。

新课程改革的目标之一是要改变教学中过于强调接受学习、死记硬背、机械训练的现状，倡导学生主动参与、乐于探究和交流合作的学习方式。在学生完成任务过程中，教师要尽可能地组织学生运用合作、小组学习等方式，在培养学生合作与交流能力的同时，调动每一个学生的参与意识和学习积极性。如在学习网络的搜索引擎时，可让学生化身为一名导游，把自己最喜欢的旅游景点介绍给别人，也可以小组合作做一份关于家乡的专题报告。

（3）信息技术与课程整合。对小学生来说，"信息技术还不是一个专业，也不是一种理论课程，而是一种工具，一种技能"。所以"应当提倡学以致用"，"在开好信息技术课程的同时，要努力推进信息技术与其他学科教学的整合，鼓励在其他学科的教学中广泛应用信息技术手段，并把信息技术教育融合在其他学科的学习中。"

信息技术是综合实践活动的重要内容，要做到信息技术内容与综合实践活动的其他内容有机整合，特别是研究性学习与信息技术的有效整合。研究性学习活动是基于学习者的兴趣，从自然、社会、文化和学习者自身生活中选取有意义的主题，进行跨学科探究的过程。在活动过程中，伴随着问题的产生与研究的不断深入，需要了解各种不同的具体信息，这些信息往往不可能预先准备，甚至对学习者来说会十分陌生。为了尽快解决问题，就需要学生通过各种途径快速搜寻与问题解决相关的信息。事实上，学生在信息资源的拥有上非常有限，必须借助于信息技术的支撑。所以，信息技术教育为学生掌握信息技术提供了保障，研究性学习为学生运用信息技术搭建了平台。

那我们又如何来进行整合呢？一方面，在学校综合实践活动的教师指导小组中安排一个信息技术教师，作为学生的信息技术顾问。当学生在开展活动中有技术需求时，可以进行信息技术的专题培训。另一方面，在信息技术课上设计主题学习活动，让学生学会应用信息技术来学习的方法与策略。主题可以来源于各学科的课程与生活。主题化教学是一种学习资源环境下的教学，在信息技术课的主题活动中，缺少知识性资源，教师比较难达成因材施教的目标，很难促成学生的自主学习，学生很难应用信息技术进行表达与学习。为此，可以制作一些主题学习活动网站，如 webquest，以此为学习阵地，让信息技术课的技术性和文化性相结合，在信息技术课中构建一种学习实践的环境。

3. 评价建议

评价是信息技术教学的有机组成部分，具有很强的导向作用，应围绕信息技术课程规定的培养目标和内容标准评价学习情况。一方面激发并保持学生学习、应用信息技术的兴趣，帮助学生逐步提高信息素养，保证信息技术课程目标的达成；另一方面教师要不断提高信息技术教学的水平，并在评价改革的理念、方法和体制等方面继续做出有益的尝试和探索。

评价应坚持发展性、客观性、激励性原则，着眼于学生的发展层次和发展水平，要以学生已有的发展为评价基础。要注意体现评价对教学的诊断、激励和促进作用，弱化评价的甄别与选拔功能；发挥教师在评价中主导作用的同时，创造条件实现评价主体和方式的多元化；关注学生的个体差异，鼓励学生进行创造。

（1）评价内容多样化。评价内容要体现科学性，要加强与社会实际和学生生活经验的联系，重视考查学生分析问题、解决问题的能力，突出学生在学习过程中的体验，特别是对情感、态度、价值观、实践能力的考查，要以教学目标为依据制订科学、公正的评价标准，通过笔试、口试、上机操作、作品展示、参加竞赛等多种途径对学生进行综合评价，要有利于促进每个学生的创新发展，要有利于发展学生多方面的潜能，了解学生发展中的需求。

（2）评价方式多样化。评价可以在单机、局域网或互联网上进行，可以借助计算机软件自身的帮助系统或互联网寻求帮助，可以用多媒体电子作品等形式作为评价依据。要努力创造条件实现自我评价与他人评价、个别评价与集体评价、过程性评价与终结性评价的有机结合。

参 考 文 献

[1] 山东省小学信息技术教材编写组.义务教育山东省小学课本信息技术第二
册（下）[M].泰安：泰山出版社，2002.

[2] 山东省小学信息技术教材编写组.义务教育山东省小学课本信息技术第二
册（上）[M].泰安：泰山出版社，2013.

[3] 杨光.教育游戏在小学信息技术教学中的应用[J].读写算：教育导刊，
2014（20）：70.

[4] 朱宽.游戏化教学在初中信息技术教学中的应用[J].新课程·下旬，
2014（22）：247-248.

[5] 陈晓燕.浅议游戏化教学在中职信息技术课堂教学中的可行性研究[J].
都市家教月刊，2013（9）：62-63.

[6] 胡彬.如何在信息技术教学中更好的应用任务驱动教学法[J].中国科技
博览，2013（28）：244.

[7] 荆婷婷，康迪，赵嵬.信息技术教学中启发式教学的有效运用[J].科技
风，2016（24）。

[8] 李林英，李翠白，朱翠娥，等.思维导图与学习：学习科学与技术新
探[M].北京：北京师范大学出版社，2011.

[9] 李猛.思维导图大全集[M].北京：中国华侨出版社，2010.

[10] 东尼·博赞.思维导图使用手册[M].丁大刚，张斌，译.北京：化学工
业出版社，2011.

[11] 东尼·博赞.超级记忆[M].叶刚，译.北京：中信出版社，2009.

[12] 赵国庆，陆志坚."概念图"与"思维导图"辨析[J].中国电化教育，
2004（08）。

[13] 林建才，董艳，郭巧云.思维导图在新加坡小学华文教学中的实验研
究[J].中国电化教育，2007（10）。

［14］廖同庆，彭露露.针对理工科高校进行光电信息技术教学改进的探索［J］.人力资源管理，2011（4）：140–141.

［15］宋伟娜.过程启发式教学法在信息技术课程中的应用与思考［J］.中国电化教育，2009（4）：88–90.

［16］王同聚.创客教育与创新应用教材——智能机器人制作与程序设计［M］.北京：教育科学出版社，2015.

［17］傅骞，王辞晓.当创客遇上STEM教育［J］.现代教育技术，2014（10）：37–42.

［18］高勇，刘娜.3D打印与三维创意设计课程牵引下的创新课程体系研究［J］.中小学信息技术教育，2016（4）：20–22.

［19］王同聚.基于创客教育理念的"智创空间"实践研究［J］.中国教育信息化，2016（10）：22–25.

［20］王同聚，中小学机器人教学评价方法的探索［J］.教育信息技术，2015（6）：75–78.

［21］田园.浅谈初中信息技术的启发式教学——以《制作演示文稿》单元为例［J］.新课程导学，2012（11）：19–20.

［22］付兰敏.基于翻转课堂理念的初中信息技术教学模式的应用研究［D］.山东师范大学，2014（3）：13–15.

［23］韩靖轩.校园STEM教育与创客教育的思考［J］.教育信息技术，2016（10）.

［24］祝智庭，孙妍妍.创客教育：信息技术使能的创新教育实践场［J］.中国电化教育，2015（1）.

［25］雒亮，祝智庭.开源硬件：撬动创客教育实践的杠杆［J］.中国电化教育，2015（4）.

［26］吴玮玉.国内外创客教育研究的现状与启示［J］.亚太教育，2015（35）.

［27］克里斯·安德森.创客：新工业革命［M］.北京：中信出版社，2012：26–36.